FOREWORD

//////////////////// **前 言** ////////////////////

　　市场营销是企业以市场为导向，以满足消费者需求实现潜在交换为目的，分析市场、进入市场和占领市场的一系列战略与策略活动，内容涵盖市场调研、产品营销、渠道管理、数字互动营销及新媒体营销等方方面面。市场营销是一套方法体系和工具，并随着互联网、社交媒体与数字技术的发展一直在进化。现今的市场营销，就是在快速变化且日益数字化和社会化的市场中为消费者创造价值并吸引消费者。

　　党的二十大报告提出，推动货物贸易优化升级，创新服务贸易发展机制，发展数字贸易，加快建设贸易强国。企业营销过程中应树立现代市场营销观念，提高市场营销人员综合素质。为了让读者适应现代企业营销岗位的实际需求，本书将市场营销理论与实践应用相结合，构建了6个教学项目，主要讲解市场营销相关概念、市场环境分析、目标市场的确定、产品营销策略的制定、数字互动营销的基本知识，并结合新技术、新工具讲解了短视频营销、直播营销、社群营销和VR营销，引领读者系统学习市场营销知识，切实提高市场营销能力。

　　本书主要具有以下特色。

　　• **内容新颖，与时俱进**。本书以职业能力为本位，从当今市场营销的理论与实践出发，在传统市场营销知识的基础上融入了数字化时代的新营销技术与案例，反映了当下市场营销的新趋势，与时俱进，学习价值更高。

　　• **体例新颖，形式多样**。本书每个项目以"职场情境"导入项目内容，正文中穿插"知识窗""经验之谈""学以致用""案例链接""素养提升"等多种形式的栏目，有助于读者深入理解、掌握和运用相关知识。此外，还设有"温故知新"和"融会贯通"板块，帮助读者课后及时巩固所学知识。

　　• **强化应用，注重实践**。本书在编写时特别注重实践训练和综合能力的培养，突出市场营销的实践性、应用性和可操作性，强调学、做、行一体化，充分体现了新时期"以能力为本"的教学理念，让读者在学中做、做中学，真正达到学以致用的教学目的。

　　• **资源丰富，拿来即用**。本书提供丰富的立体化教学资源，其中包括PPT、教学大纲、电子教案、课程标准、习题答案等，用书老师可以登录人邮教育社区（www.ryjiaoyu.com）下载获取。同时，本书还配套慕课视频，读者登录人邮学院（www.rymooc.com）即可免费观看视频。

本书由北京市商业学校田禾、陈蔚、黄惊担任主编，刘冬美、谷鹏、刘金担任副主编。由于编者水平有限，书中难免存在不足之处，敬请广大读者批评指正。

编　者

2023年8月

中等职业教育

改革创新

系列教材

市场营销实务

慕课版

田禾 陈蔚 黄惊

主编

刘冬美 谷鹏 刘金

副主编

人民邮电出版社

北京

图书在版编目（CIP）数据

市场营销实务：慕课版 / 田禾，陈蔚，黄惊主编
. —— 北京 ：人民邮电出版社，2023.9
中等职业教育改革创新系列教材
ISBN 978-7-115-62118-4

Ⅰ．①市… Ⅱ．①田… ②陈… ③黄… Ⅲ．①市场营
销学－中等专业学校－教材 Ⅳ．①F713.50

中国国家版本馆CIP数据核字(2023)第119355号

内 容 提 要

本书依据国务院印发的《国家职业教育改革实施方案》的要求，针对职业院校学生的培养目标，采用项目任务体例形式，系统地介绍了市场营销知识。本书共分为 6 个项目，包括走近市场营销、分析市场环境、确定目标市场、制定产品营销策略、实施数字互动营销以及实施新媒体营销。本书以职业能力为本位，注重实践训练和综合能力的培养，能够充分满足职业教育教学需求。

本书内容新颖，案例丰富，可作为中等职业院校市场营销、电子商务、网络营销等专业相关课程的教材，也可作为市场营销从业人员的参考书。

◆ 主　编　田　禾　陈　蔚　黄　惊
　　副主编　刘冬美　谷　鹏　刘　金
　　责任编辑　白　雨
　　责任印制　王　郁　彭志环
◆ 人民邮电出版社出版发行　　北京市丰台区成寿寺路 11 号
　　邮编　100164　　电子邮件　315@ptpress.com.cn
　　网址　https://www.ptpress.com.cn
　　北京天宇星印刷厂印刷
◆ 开本：787×1092　1/16
　　印张：11.5　　　　　　　　2023 年 9 月第 1 版
　　字数：214 千字　　　　　　2023 年 9 月北京第 1 次印刷

定价：39.80 元

读者服务热线：(010)81055256　印装质量热线：(010)81055316
反盗版热线：(010)81055315
广告经营许可证：京东市监广登字 20170147 号

CONTENTS 目　录

项目一

走近市场营销

小艾临近毕业，开始规划以后的工作，但是各种招聘信息看得她眼花缭乱，她想选择的营销类的岗位有很多，她一时不知道该如何选择。

小艾咨询过一些朋友和已经毕业的学姐，其中好几个人说："别担心，市场营销专业找工作容易，企业要招聘的人多，条件还宽泛，不要求年龄、性别，不限制有无工作经验，只要能吃苦耐劳就行……"小艾笑笑，但心里依然忐忑。

最终，小艾决定向市场营销专业的李老师咨询意见。对于小艾该如何梳理自己的心绪，做好自己的职业规划，李老师给她进行了详细的讲解和分析。李老师说，要想走进市场营销行业，首先要了解市场和市场营销相关知识，把握市场营销的理念和新发展，认识市场营销类岗位及职能，明晰市场营销人员的必备素质，培养市场营销人员的职业技能，打好基础，为未来的发展之路奠定基石。

学习目标

知识目标
1. 了解市场的内涵与类型。
2. 掌握市场营销的相关概念。
3. 掌握市场营销理念。
4. 把握市场营销的新发展。
5. 认识市场营销类岗位及职能。

技能目标
1. 培养市场营销人员的职业道德。
2. 掌握市场营销人员的职业技能。

素养目标
1. 坚持诚实守信的原则，将商业利益和社会效益有机结合。
2. 发扬奋斗精神，迎难而上，打开营销事业发展的新天地。

任务一 初识市场营销

任务描述

小艾听过这样一个故事。一家餐厅的老板想要晋升一名经理，于是他找来3个备选人，提出了同样一个问题："是先有鸡还是先有蛋？"第一个人想了想说："先有鸡。"第二个人胸有成竹地说："当然是先有蛋。"第三个人镇定地说："客人先点鸡，就先有鸡；客人先点蛋，就先有蛋。"最后，第三个人顺利晋升，因为他从营销学角度给出了答案，消费者的需求永远是第一位的，营销就是想办法满足消费者的需求。

人们对市场营销都不陌生，但对市场营销的认识各不相同，众说纷纭。小艾决定系统地学习市场营销的相关知识。

任务实施

活动一 了解市场的内涵与类型

市场是社会分工和商品经济发展的必然产物，它随着社会生产力和商品经济的发展而发展。市场可以理解为由各种基本要素组成的有机结合体，这些要素之间相互联系，相互作用，从而决定了市场的形成，推动着市场的发展。

1. 市场的内涵

对于不同的市场营销者来说，市场的定义也有所不同，如图 1-1 所示。

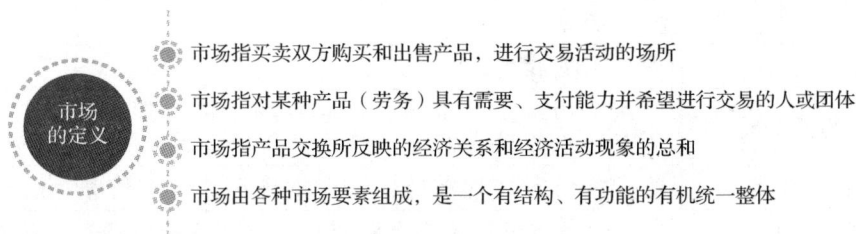

市场的定义
◉ 市场指买卖双方购买和出售产品，进行交易活动的场所
◉ 市场指对某种产品（劳务）具有需要、支付能力并希望进行交易的人或团体
◉ 市场指产品交换所反映的经济关系和经济活动现象的总和
◉ 市场由各种市场要素组成，是一个有结构、有功能的有机统一整体

图1-1　市场的定义

总之，市场是连接生产和消费的纽带。随着商品经济的发展，市场的概念和内容也在不断丰富和充实。

现代市场经济中的市场是由诸多种类的市场及多种流程联结而成的。市场是一个完整而复杂的体系，并且是多层次、多要素、全方位的有机系统，其实质是各种经济关系的具体体现和综合反映。

为了更好地理解市场的内涵，我们首先要认识构成市场的三要素。市场由人口、购买力和购买欲望三要素构成（见表 1-1），这三要素相互制约，缺一不可，三者有机结合构成了现实的市场，决定着市场的规模和容量。

表1-1　构成市场的三要素

构成要素	说明
人口	人口是构成市场的基本要素，包括总人口、性别和年龄结构、家庭户数和家庭人口数、民族、职业和文化程度、地理分布等多种具体因素。 • 人口的构成及其变化影响着市场需求的构成和变化 • 人口的多少决定着市场规模的大小 • 人口的状况影响着市场需求的内容和结构
购买力	购买力是指消费者支付货币购买产品（劳务）的能力，是构成市场的物质基础，通常购买力会受到人均国民收入、个人收入、社会集团购买力、平均消费水平、消费结构等因素的影响
购买欲望	购买欲望是指消费者购买产品（劳务）的动机、愿望和要求，它是使消费者的潜在购买力转化为现实购买力的必要条件

2. 市场的类型

为了更好地研究和了解市场，把握市场整体与局部的特征，我们需要清楚市场的类型。市场从不同的角度可以分为不同的类型，如表 1-2 所示。

表1-2　市场的类型

分类依据	具体类型
购买者的需求和目的	消费者市场、生产者市场、中间商市场、政府和社团市场等
地域范围	地方市场、国内市场和国际市场，区域市场、城市市场和农村市场等
行为主体的关系	买方市场和卖方市场
交易对象的产品形态	产品市场、金融市场、证券市场、技术市场、资本市场、信息市场、劳动力市场、房地产市场等
交易方式分类	现货市场和期货市场，批发市场和零售市场等
市场结构	完全竞争市场、完全垄断市场、垄断竞争市场和寡头垄断市场

学以致用

请同学们观察生活范围内的一些领域，如餐饮、家居、娱乐、运动等，分析不同领域的市场都有哪些类型，并说明分类依据是什么。

活动二　清楚市场营销的相关概念

市场营销简称营销，是指个人或组织通过交易其创造的产品或价值，以获得所需之物，实现双赢或多赢的过程。

市场营销一般包括两层含义：一种是指企业的具体经营活动或行为，包括市场调研、目标市场选择、产品开发、价格制定、渠道选择、产品促销、产品储存和运输、产品销售、售后服务等一系列活动；另一种是指研究组织的市场营销活动或行为的学科。

本书将市场营销定义为利用市场满足消费者需求和欲望的交换活动。消费者包括现实消费者和潜在消费者。从事市场营销活动的人被称为市场营销者，市场营销者可以是买方，也可以是卖方。

为了准确理解市场营销的内涵，我们需要注意以下几点，如图1-2所示。

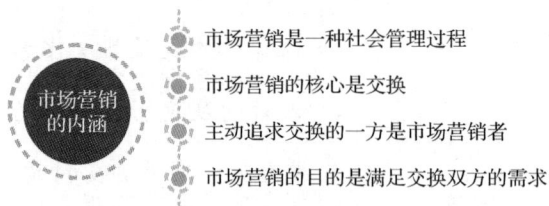

市场营销的内涵
- 市场营销是一种社会管理过程
- 市场营销的核心是交换
- 主动追求交换的一方是市场营销者
- 市场营销的目的是满足交换双方的需求

图1-2　市场营销的内涵

经验之谈

营销与推销、经营不同，其区别主要在于推销是以销售为导向，强调产品销售；经营比推销前进了一步，包含了买与卖两种活动，经营者为了卖而买，同样是以销售为导向；营销则比经营更复杂，营销包含经营和销售两个部分，是以消费者需求为导向，不只是单纯的买与卖，是注重企业的长远目标和社会利益而进行的市场引导行为。

要想学习和理解市场营销，我们需要准确把握市场营销相关的核心概念。

1. 需要、欲望和需求

需要、欲望和需求这 3 个概念既密切相关，又有明显的区别。

- 需要主要指人们某种不足或短缺的感觉，是人们生理及心理的最基本要求，是客户产生购买行为的原始动机，是人类与生俱来的本能，主要包括生理需要、安全需要、社交需要、尊重需要和自我实现需要等。
- 欲望是指个人受不同文化及社会环境的影响而表现出来的对基本需要的特定追求。欲望属于消费者较高层次的需要。
- 需求是指人们有支付能力并且愿意购买某种产品或服务的欲望。

市场营销者并不能创造需要，因为需要早已存在于市场营销活动之前，但是市场营销者连同社会中的其他因素可以影响消费者的欲望，并试图向消费者指出何种特定的产品可以满足其特定需要，然后分辨出消费者的购买力层次，进而通过生产并销售相对应的产品来最大限度地满足他们的需求。

2. 产品和服务

- 产品泛指通过生产向市场提供，能够满足消费者需求的任何物品。
- 服务是指个人或组织利用自身能力帮助他人，并从中获得一定利益补偿的活动。

3. 满意度和质量

- 消费者满意是指消费者的需求被满足后的愉悦感，是一种心理状态，如果用数字来衡量这种心理状态，即满意度。满意度是消费者对购买产品（服务）后与购买前所感知的产品（服务）质量之间差异的评价。消费者满意是消费者忠诚的基本条件。
- 质量是指站在消费者的角度来看产品的适用性，即产品在使用过程中能成功地满足消费者需要的程度。消费者对产品的基本要求就是适用，适用性恰如其分地表达了质量的内涵。

4. 价值和价格

- 价值是凝结在商品属性中的效用、效益或效应关系。任何商品的价值对每个消费者而言都存在一定的差别，同时，商品的价值会受诸多因素的影响从而产生变化，并且会随着时间发生变化。
- 价格是商品价值的外在表现形式，它可以通过货币、劳动等方式体现。商品的价格受价值规律支配和其他因素影响，同一件商品在不同的地区、与不同的人进行交易，其价格均不相同，这是由于每个人对该商品价值的认定存在差异。

5. 交换、交易和关系

- 交换是指从他处取得所需之物，而以自己的某种东西作为回报的行为。交换能否发生取决于交换双方能否通过交换得到满足。
- 交易是指买卖双方以都同意的条件协议交换两个有价值物品的行为。
- 一般交易对象被称为客户，和这个客户的关系被称为客户关系。

当人们决定以交换方式来满足自己的需要或欲望时，就产生了市场营销。交换是市场营销的核心概念，而交易则是交换活动的基本单元，是市场营销的度量单位。现代市场营销者都非常重视同客户建立长期、信任和互利的关系。而这些关系依靠不断承诺及为对方提供高质量产品、良好服务及公平价格来实现，依靠双方加强经济、技术及社会联系来实现。

6. 营销渠道

营销渠道是市场营销者接触目标市场的途径，一般有以下 3 种方式。

- 借助电视、电话、告示、传单和互联网等方式传达企业和产品信息，以及通过邮件、电话、视频、面对面沟通与目标客户进行交流。
- 利用中间商，如分销商、批发商、零售商和代理商等分销渠道向客户销售产品。
- 与第三方合作，即通过运输公司、保险公司和银行等服务渠道与客户交流。

7. 供应链

供应链是一条相对较长的渠道链，包括从原材料和零部件的供应到把成品交付给最终客户的整个过程。

8. 竞争

竞争包括购买者可能考虑的所有实际存在的和潜在的竞争产品与替代物。例如，对有拍照需求的消费者来说，他可能会购买一台专业的照相机，也可能选择购买一部具有强大拍照功能的智能手机。根据产品替代程度，竞争可以分为品牌竞争、行业竞争、形式竞争、广泛竞争。

9. 市场营销环境

市场营销环境是影响客户购买行为的各种内外部因素的总和，主要包括微观环境和宏观环境两大类。市场营销者必须密切关注营销环境的发展变化趋势，并及时调整自己的营销策略。

💡 **知识窗**

现代市场营销与传统意义上的经营活动相比，具有显著的区别和鲜明的特点。

- 现代市场营销是包括市场营销战略决策、生产、销售等阶段在内的总循环过程。
- 现代市场营销是以消费者需求为基点和中心的企业经营行为。
- 现代市场营销是以整体营销组合作为运行手段和方法的有机系统。

知识窗

活动三　理解市场营销理念

市场营销理念又称市场营销哲学，它体现了一个企业的经营态度和思维模式，是企业进行营销活动的指导思想和行动指南。市场营销理念的正确与否决定着市场营销的成败。

不同的市场营销活动依据的市场营销理念不同。市场营销活动常依据的市场营销理念包括生产观念、产品观念、销售观念、市场营销观念、社会营销观念和全方位营销观念，其中前三者属于传统营销理念，后三者属于现代营销理念，如表1-3所示。

表1-3　市场营销理念

市场营销理念		说明
传统营销理念	生产观念	生产观念是指企业把提高效率和产量、降低成本和价格作为一切活动的中心，以此扩大销售、取得利润的一种经营指导思想。其特点是以生产为中心，"我们生产什么，就卖什么"，只注重企业自身条件而不注重市场需求
	产品观念	产品观念是指市场营销者主要依靠产品本身的优势实现营销的观念。这种观念又称产品导向，是一种"以产定销"观念，此观念指导企业生产优质产品并不断改进，以好产品吸引消费者，但未看到市场需求的变化
	销售观念	销售观念又称推销观念，是生产观念的发展和延伸，是指市场营销者认为只要掌握和运用好各种推销技巧就能达到交易的观念，市场营销者往往只注重推销技巧的提高，只关心销售业绩，而忽略了消费者的真正需求
现代营销理念	市场营销观念	市场营销观念是以满足消费者需求为出发点，即"消费者需要什么，就生产什么，销售什么"，这种新观念为企业注入了朝气和活力。在此观念的指导下，企业开始分析消费者需求，确定目标市场，设计新产品，完善生产、促销、售后服务等整体营销活动，以满足目标消费者的需要
	社会营销观念	社会营销观念是指企业的任务是确定目标消费者需求、欲望和利益，在满足目标消费者需求和欲望的同时，还要考虑消费者及社会的长远利益，即将企业利益、消费者利益和社会利益有机结合起来
	全方位营销观念	现代营销活动需要更先进的市场营销理念作为指导。全方位营销观念的提出使市场营销者思考问题更全面、更深远，它把营销活动推向了一个崭新的阶段。全方位营销观念包括关系营销、整合营销、内部营销和绩效营销等

📋 经验之谈

传统营销理念和现代营销理念下的营销活动在营销出发点、营销策略和营销着眼点等方面存在很大的差别。

- 营销出发点不同：传统营销理念下，企业以产品为出发点；现代营销理念下，企业以消费者需求为出发点。
- 营销策略不同：传统营销理念下，企业主要采用各种推销方法与技巧推销产品；现代营销理念下，企业从消费者需求出发，利用整体市场营销组合策略策划营销活动，占领目标市场。
- 营销着眼点不同：传统营销理念下，企业着眼于短期交易的盈亏和利润；现代营销理念下，企业着眼于现实消费者和潜在消费者的需要，在符合社会长远利益的同时，为企业取得长期利润。

📖 案例链接

天府可乐：现代化营销＋经营耐性才能成就品牌

在元气森林可乐味气泡水上市发布会上，天府可乐（重庆）饮品有限公司董事长提到，由于经过几十年的沉淀才获得公众的广泛认可，崂山可乐和天府可乐等被称为"老品牌"，其实品牌不光要用现代化的方式做营销，还要有持续经营品牌的耐性，这样才能成就自己的品牌。

天府可乐是20世纪80年代我国八大饮料厂之一，1994年被百事可乐收购，2016年天府可乐重新进入市场，截至2022年，天府可乐已销往全国各地。

对于如何做天府可乐，该董事长认为，天府可乐应该有3个价值：商业价值、文化价值和健康价值。他说，现在应该是抱团、相互鼓励和相互成就的时代。在他看来，元气森林之所以成功，得益于产品、品牌和供应链等方面的成功，如果元气森林没有选择自己做工厂，可能生命周期会比较短。他总结道，未来中国可乐品牌要成功，不仅要在品牌营销上努力，也要坚持产品品质，并构建供应链体系。

智慧锦囊：在该董事长关于如何做天府可乐的表述中，商业价值、文化价值和健康价值分别体现着企业自身的利益、社会效益和消费者利益。在他看来，做中国可乐品牌要有现代营销理念，应着眼于现实消费者和潜在消费者的需要，符合社会利益，有持续经营品牌的耐性，为企业品牌的长远利益考虑。

👤 活动四　把握市场营销的新发展

世界经济全球化和新经济的兴起正改变着营销环境，影响着市场营销的方方面面。现代市场营销是企业在变化的市场环境中，为满足消费者需求，实现企业目标，综合运用各种市场营销手段，把产品或服务整体性地销售给消费者的一系列市场经营活动。

市场营销在新的市场营销理念的指导下向整合营销、服务营销、关系营销、精准营销、新媒体营销、社群营销等新领域和新方向发展，如表1-4所示。

表1-4　市场营销的新发展

营销类型	说明
整合营销	整合营销是一种对各种营销工具和手段的系统化结合，并根据环境进行即时性的动态修正，以使交换双方在交互中实现价值增值的营销理念与方法。 其工作重点是运用多种营销活动传播并传递价值，协调所有营销活动实现联合效果最大化
服务营销	服务营销是企业在了解消费者需求的前提下，为充分满足消费者需求，在营销过程中所采取的一系列服务活动
关系营销	关系营销是指为了建立、发展与保持长期且成功的交易关系而进行的市场营销活动，其目的在于与经营活动中的关键者（消费者、合作者等）建立良好、持久的互助关系，以赢得新业务并维系旧业务。关系营销的核心是正确处理企业与消费者、竞争对手、供应商、分销商、政府机构和社会组织的关系，以追求各方关系的利益最大化
精准营销	精准营销是指在合适的时间和地点，将合适的产品以合适的方式提供给合适的消费者，企业可以借助大数据准确推测消费者的真实需求，向消费者精准推送其想要的、喜欢的，从而实现有效导流和精准销售。大数据分析可以帮助企业进行营销决策的调整与优化，企业如何利用数据驱动实现精准营销，是形成差异化竞争优势的关键
新媒体营销	新媒体营销是利用新媒体平台进行的营销活动，例如，利用门户网站、搜索引擎、微博、微信、短视频、直播等进行营销活动，其特点是用户基数大、信息即时性强、内容形式丰富、互动性强等。新媒体营销方式主要有病毒营销、事件营销、口碑营销、知识营销、互动营销、情感营销等
社群营销	社群营销是将一群有相同或相似兴趣爱好的人聚集在一起进行的营销活动，可以是线下社群营销，也可以是网络社群营销。此营销方式更加人性化，不仅受用户欢迎，还能发展用户成为信息传播者。社群营销具有成本低、定位准、传播效率高等特点

任务二　培养市场营销人员职业素养

任务描述

市场营销类岗位很多，大多集中在市场类和营销类。小艾一直在考虑，自己更适合哪类岗位，这类岗位需要具备哪些素质与技能。

李老师告诉她："市场营销类岗位多种多样，要求千差万别。市场类岗位要求求职者对市场有敏锐的感知力，还要有较好的数据分析能力；营销类岗位则对组织策划和沟通协调能力以及文字撰写能力要求更高。另外，进入不同的领域，从事不同的行业还有一些具体的要求……"

经过李老师的讲解，小艾了解到，根据目前的市场概况，认识市场营销类岗位及职能，遵守市场营销人员职业道德，明晰市场营销人员的必备素质，培养市场营销人员的职业技能是非常重要的。

任务实施

👤 活动一　认识市场营销类岗位及职能

随着营销实践的发展和市场竞争的加剧，越来越多的企业意识到，必须将市场营销置于企业的中心地位，因为它是连接市场需求与企业反应的桥梁与纽带，要想有效地满足消费者需求，实现企业的长远利益，就必须设置市场营销部门。

目前，销售部门和市场部门是企业市场营销的两大基本职能部门。企业的营销组织所从事的是综合的营销活动，所发挥的是综合的营销管理职能。它通过产品、价格、渠道、促销等可控因素的运用，制订整个企业的市场营销活动计划，并负责市场营销活动计划的贯彻和实施。

现在大部分企业设置了市场营销部，下设市场部和销售部，具体的岗位设置及各岗位名称如图1-3所示。

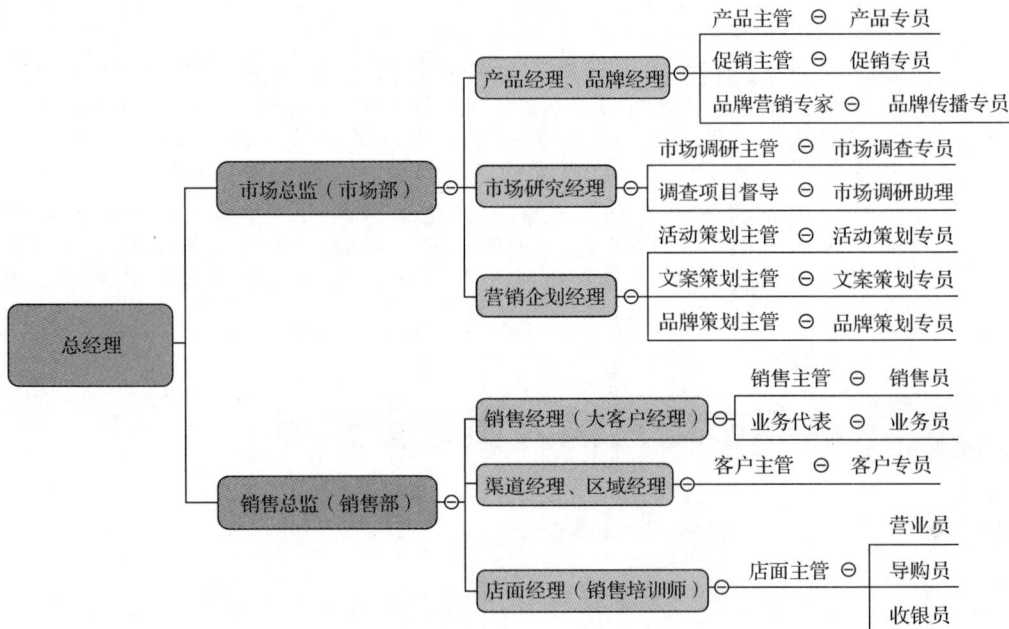

图1-3　市场营销岗位设置及各岗位名称

市场营销职业遍及各类企事业单位以及房地产、旅游、医药、汽车等多个行业。不同企业设置的组织部门和岗位各不相同，但涉及的市场营销岗位大体相似。市场营销专业的就业岗位群除了市场类、销售类，还有客服类。

客服类也可归属于市场营销，主要负责产品销售的售前/售中/售后的各种服务。客服类岗位主要包括客户回访专员、客户服务专员、客服代表等。其他市场营销岗位还包括网络营销员、销售物流员、销售培训专员等。

市场营销岗位千差万别，岗位的职业也不同，既有营销总监、区域经理、销售经理等中高层人员，又有业务员、导购员、促销员、维护员、客服代表等基层营销人员，还有广告设计、新媒体营销、物流等专业营销人员。

活动二　遵守市场营销人员职业道德

营销是一个充满挑战、激情并伴随艰辛的职业。市场营销者需要用健康的心态来调整自我情绪，只有具备良好的品格才能追求事业的成功。因此，一名优秀的市场营销人员除了具备一定的工作能力，还要具备健康、优良的性格品质。

市场营销人员需要遵守的职业道德包括以下几个方面。

1. 诚实守信

在现代社会，无论是人际交往还是商务往来，讲究诚信的人会受到他人的尊重，否则就会难以立足，更谈不上获得利益上的回报。市场营销人员必须讲究诚信，建立信誉，这样才能在激烈的市场竞争中获得营销机会，否则可能会被市场淘汰。

2. 热情自信

市场营销人员对待工作要积极，对待客户要热情。市场营销人员同时也要有足够的自信，这样才能够正视自己，并激发出极大的勇气和毅力，从而战胜困难，最终创造奇迹，获得成功。热情自信是营销成功的首要条件，只有热情自信才有可能打动客户，赢得客户的认可。

3. 公平负责

在市场营销活动中，市场营销人员面对客户和竞争者时应坚持公平公正的态度。市场营销人员要注意自己的一言一行，要对自己的一切经济行为及其后果承担政治、法律、经济和道义上的责任。市场营销人员不仅代表着自己，还代表着企业，要对企业和社会负责，对客户负责，要具有强烈的责任心，为客户服务，这样才能赢得客户的信赖。

4. 爱岗敬业

市场营销人员要从思想上正确认识营销的职业价值，热爱营销工作，具有高度的敬业精神，树立全心全意为客户服务的坚定信念。同时，在营销活动中，要遵纪守法，经得起利益的诱惑，不做违法乱纪的事情。

5. 团结协作

市场营销人员要注重团结协作。团队精神是大局意识、协作精神和服务意识的集中体现，其核心是协同合作，反映的是个体利益和整体利益的统一，进而保证组织的高效率运转。团队协作并不是要求团队成员牺牲自我，而是要求挥洒个性、表现特长、集中创意，保证团队成员共同完成任务，达到目标。

📝 素养提升

"人无信不立，业无信不兴。"诚信是人的立身之本，也是社会发展的基础。市场营销人员在工作过程中要坚持诚信经营，积极弘扬诚信文化，这是提高全社会文明程度、实施公民道德建设工程的重要一环。

👤 活动三　明晰市场营销人员的必备素质

市场营销人员的必备素质主要体现在 4 个方面，即心理素质、文化素质、业务素质和身体素质。

1. 心理素质

心理素质是指个体承受不同环境压力的能力，它渗透在个体活动中，影响着个体的行为方式和活动效能。在市场营销工作中，市场营销人员经常会遇到挫折和困难，如被客户拒绝、策划方案被否定、销售业绩下滑等，这些都可能对市场营销人员造成压力和冲击。只有具备必胜的信念和积极进取的精神，具有坚强的意志和毅力，市场营销人员才能够发挥潜能，克服困难，实现营销目标。

2. 文化素质

市场营销人员通常具有多重身份，既是企业的营销者，又是客户的参谋，还是企业与外界的联络员，因此必须具备良好的文化素质。例如，市场营销人员既要掌握一定的科学文化知识，如外语、历史、地理、哲学、心理学等基础知识，也要掌握一定的与企业、市场相关的专业知识，如企业管理、市场营销、商务谈判、法律等知识。

3. 业务素质

市场营销人员要锐意进取，熟练掌握营销技巧，培养敏锐的观察能力和良好的语言表达能力，丰富自己的营销经验。只有具备较高的业务素质，市场营销人员才能适应复杂多变的市场环境，应对不同的目标客户，创造瞩目的销售业绩。

4. 身体素质

身体素质是工作的基本保障。市场营销人员的工作性质比较特殊，例如，长期在外出差，要能适应各地的饮食和气候环境；经常旅途奔波，对精力、体力消耗相当大；和客户交际、应酬、磋商、谈判等，需要有很好的耐性；提供现场服务会占用大量的时间。所有这些都要求营销人员具有充沛的精力、体力和较好的耐性。

活动四　培养市场营销人员的职业技能

市场营销人员除了要严格遵守职业道德规范、具备良好的品德素质外，还要注意培养自身的职业技能。

1. 知识储备

市场营销人员为了更好地完成营销任务，必须做好知识储备。

（1）专业知识

开展市场营销工作需要了解市场，了解企业与产品，了解目标客户。因此，市场营销人员需要掌握市场知识，学习市场调研和市场预测的方法，善于挖掘消费者需求，掌握产品的市场趋势和行情。市场营销人员还要学习企业及产品知识，了解企业的发展历史、企业规模、经营理念、方针政策等，掌握产品的相关知识，为产品销售做好准备。

（2）心理学知识

心理学知识贯穿市场营销活动的全过程。识别客户的购买动机，激发客户的购买欲望，制定合适的营销策略以促进客户购买，这一系列的营销行为都会运用到心理学知识。为了更好地分析和掌握客户的特点，市场营销人员除了学好心理学知识，还要不断学习社会学、行为学等方面的知识。

（3）法律知识

市场经济是法制经济。市场营销活动一定要在法律法规许可的范围内开展。市场营销人员必须知法、懂法，用法律保护交易双方的合法权益，防止出现损害客户合法权益以及损害自身利益的情况。

（4）人文素养知识

人文素养涵盖的内容很宽泛，是指一个人所掌握的政治学、经济学、历史、地理、法学、哲学等方面的知识。市场营销人员要给客户留下干练、专业、博学的印象。在拜访客户时要懂得相关礼仪，保持衣冠整洁，做到举止大方、言行有度，给客户留下积极向上、专业认真的印象。

2. 能力培养

市场营销人员应注意自身能力的培养与提升。

（1）沟通能力

良好的沟通能力对大多数职业来说是必备技能，对于市场营销人员来说尤为重要。营销可以说是一个沟通与反馈的过程。在市场营销活动中，沟通有利于市场营销人员了解消费者需求，促进产品销售；有利于团队协作，提高工作效率；有利于促成双方交易，实现共赢。

（2）观察能力

市场信息瞬息万变，市场营销人员需要具有敏锐的观察力，能够迅速辨别并捕捉有价值的信息。另外，与不同的客户沟通交流时，市场营销人员如果具有较好的观察能力，就能及时准确地把握客户的真实意图，判断客户的真实感受，进而有针对性地对客户实施营销策略。

（3）学习能力

当今社会处于一个知识爆炸的时代，知识更新速度快。营销方法和营销理论不断推陈出新，营销技术日新月异，营销的相关法律法规也在不断完善。市场营销人员要想适应这种变化，就要更快地成长，积极主动学习新的知识和技能，不断地提升自身各方面的能力和素质。

（4）创新能力

时代在发展，市场在变化，营销也要以客户不断变化的需求为出发点，适应新环境，采用新方法，推销新产品。市场营销人员要想让自己在激烈的竞争中立于不败之地，就必须具有创新能力，在产品研发、渠道拓展、策略实施等方面开拓思路，敢于创新，这样才能在竞争中脱颖而出。

温故知新

一、填空题

1. 市场营销的核心是_____。
2. 市场由_____、_____、_____三要素构成。
3. 市场营销的目的是_____。
4. _____是影响客户购买行为的各种内外部因素的总和。
5. _____是连接市场需求与企业反应的桥梁与纽带。

二、选择题

1. "我们生产什么，就卖什么"的经营指导思想体现的是（　　　）。
   A. 生产观念　　　　　　　　　B. 销售观念
   C. 产品观念　　　　　　　　　D. 市场营销观念
2. 市场营销观念的出发点是（　　　）。
   A. 产品质量　　　　　　　　　B. 产品产量
   C. 产品销量　　　　　　　　　D. 满足消费者需求
3. "中国是全球最大的新能源汽车市场"，其中的"市场"指的是（　　　）。
   A. 交易活动的场所　　　　　　B. 供求双方力量的总和
   C. 交换关系的总和　　　　　　D. 人口、购买力、购买欲望的集合
4. 按行为主体的关系，市场可以分为（　　　）。
   A. 本地市场和外地市场
   B. 买方市场和卖方市场

C. 现货市场和期货市场

D. 消费者市场、生产者市场和中间商市场

5. （　　）是指为了建立、发展与保持长期且成功的交易关系而进行的市场营销活动。

A. 整合营销　　　B. 服务营销　　　C. 关系营销　　　D. 精准营销

三、判断题

1. 市场营销的实质就是不断开发潜在需求，并努力满足消费者的需求。（　　）

2. 衣食住行等需求是每个人都需要的，因此所有人的需求都是大致相同的。（　　）

3. 市场营销观念以满足消费者需求为出发点。（　　）

4. 市场营销人员需要具备良好的心理素质和身体素质。（　　）

5. 市场营销人员必须具备营销专业知识，对于其他知识没有特殊要求。（　　）

四、简答题

1. 简述构成市场的三要素。

2. 简述市场营销人员需要遵守的职业道德。

3. 简述市场营销人员需要培养的职业技能。

融会贯通

请同学们自由分组，4人一组，完成以下任务。

（1）在网上搜集各个行业的代表品牌及其市场营销行为。

（2）分析这些行业品牌的市场营销行为或营销策略体现出哪些市场营销理念。

（3）结合自身经历，描述到某行业品牌线下店的体验，你觉得这些行业品牌的市场营销人员的行为是否符合职业道德及职业素质？

（4）各小组由组长汇总组员的完成情况，并将调研报告整理成PPT的形式，对全班同学进行展示讲解。

（5）完成任务后，填写表1-5。

表1-5　分析各行业品牌市场营销的训练评价

评价方式	搜集案例（2分）	分析营销理念（3分）	自身经历（1分）	调研报告（2分）	语言表达（2分）	总分（10分）
自我评价						
小组评价						
教师评价						

项目二

分析市场环境

小艾之前作为被调研的对象也曾做过调研问卷，那时自己是作为消费者回答企业提出的一些问题，当时并不清楚企业为什么这么做，这么做的目的是什么，只是站在消费者的角度去配合完成。现在小艾面临职业的选择，开始考虑这些问题。最近，小艾听一个学姐说，她的一个同学从国外留学回来后，选择了自主创业，从事服装行业，还注册了自己的企业商标，已经开了好几家连锁店，经营得非常不错。经过详细了解，小艾得知，这位同学的专业是服装设计，而且家中成员有人从事面料行业，对服装面料非常了解。最重要的是，这个同学做过市场调研，发现有些国家有专门供大学生面试求职的服装等产品，而在国内，这个市场并不大。虽然服装行业竞争激烈，由于他做了详细的市场调研，发现了这个细分市场，进行了详细的营销环境分析，掌握了消费者的需求，从而成就了他的自主创业。

小艾觉得做市场营销，分析市场营销环境非常重要。接下来，小艾将跟随李老师一起学习如何做好市场营销环境分析。

学习目标

知识目标

1. 了解市场营销调研的内容。
2. 了解市场营销微观环境因素和宏观环境因素。
3. 了解消费者需求的特性及层次。
4. 掌握消费者购买行为的特点和影响因素。
5. 掌握组织购买行为的特点和影响因素。

技能目标

1. 学会按照具体步骤进行市场营销调研。
2. 能够运用各种市场营销调研方法。
3. 学会运用SWOT分析法分析市场营销环境。
4. 能够分析消费者购买决策和组织购买决策的过程。

素养目标

1. 善于发现机会,看清形势,抓住机遇。
2. 培养有序竞争意识,合力营造公平竞争的局面。

任务一 策划市场营销调研

任务描述

小艾作为被调研的对象,曾被问过很多问题,诸如喜欢穿哪种风格的服装,喜欢哪个品牌的化妆品等。接触到的调查形式各不相同,调研问卷的种类、内容多种多样。李老师告诉小艾,做市场调研是认识市场、获得市场信息的基本方法,是市场预测和科学决策的前提与基础,也是企业发现经营和管理问题的重要手段。

企业通过市场营销调研可以有目的地、系统地收集市场营销信息,分析和研究市场环境,为企业决策者制定和实施有效的市场营销战略提供依据。

任务实施

活动一 认知市场营销调研的内容

市场调研又称市场调查,是采用各类科学的调查方式,通过有组织、有计划地开展收集、整理、分析市场资料等活动,出具调研报告,客观地测定及评价,从而了解市场发展变化的现状和趋势,为市场预测、经营决策和营销决策提供科学依据的过程。

市场营销调研的类型很多，按不同的特征可以分为不同的类型，如图 2-1 所示。

市场营销调研的类型

① 按购买目的分类：消费者市场调研和生产者市场调研
② 按流通环节分类：批发市场调研和零售市场调研
③ 按内容范围分类：专题性调研和综合性调研
④ 按地域范围分类：国内营销调研和国际营销调研
⑤ 按功能不同分类：探测性调研、描述性调研和预测性调研

图2-1 市场营销调研的类型

市场营销调研的内容主要包括以下几个方面。

1. 市场营销环境调研

市场营销环境是影响企业行为和市场营销活动的重要因素，对宏观环境变化及其趋势进行分析是寻求市场机会的重要途径。市场营销环境调研的主要内容包括政治法律环境、社会文化环境、经济环境、技术环境、人口环境、自然环境等。

进行市场营销环境调研主要是了解国家的政策和法律法规及社会文化、经济、技术、人口等环境因素的发展动向及其对企业营销活动的影响；了解消费者的教育水平、文化层次结构、购买动机及行为；了解竞争企业的市场地位和营销策略等。

2. 市场需求调研

市场需求调研是市场营销调研中最基本的内容，主要包括市场容量（指市场对某种产品在一定时期内的需求量的最大限度）、消费者的数量及其结构、家庭收入、潜在需求量及其投向、消费构成变化、社会需求层次变化、消费者购买动机及购买行为等。

为了准确把握消费者的需求情况，企业通常需要对人口构成、家庭、职业与教育、收入、购买心理、购买行为等方面进行调研分析。企业要特别重视对消费者购买力、购买动机和潜在需求的调研，以有效地寻找和利用市场机会。

3. 市场营销要素调研

市场营销要素调研主要包括产品调研、价格调研、渠道调研、促销调研和售后服务调研，如表 2-1 所示。

表2-1 市场营销要素调研

调研内容	说明
产品调研	产品调研主要是围绕企业产品的基本内容进行调研，包括企业生产能力调研、产品性能和用途调研、产品质量调研、产品市场生命周期调研及产品组合调研等

续表

调研内容	说明
价格调研	价格调研就是研究市场上的产品价格变动情况，掌握产品的市场需求弹性、消费者对价格变动的承受力和敏感程度、竞争性产品的供求状况和价格水平、新产品的定价及产品处在不同市场生命周期的价格状况等
渠道调研	渠道调研主要包括渠道结构调研、批发商和零售商调研、分销渠道关系调研及运输和仓储调研等。渠道调研主要是为了支持企业的分销战略决策，使分销渠道达到最佳组合，确保企业产品或服务顺利地触达消费者
促销调研	促销调研主要包括人员推销、广告促销、营业推广及公共关系促销等方面的调研，其内容涉及促销方式能否为消费者接受和信任、广告的选择是否有针对性、广告费用和效果的测定、广告时间的选择、各种营业推广措施对产品销量的影响、各种公关活动和宣传措施对产品销售的影响等
售后服务调研	售后服务调研的主要内容包括对消费者需要获得的服务、服务网点的分布、服务的质量等

4. 竞争状况调研

竞争状况调研主要包括同行业竞争者调研和同行业竞争产品调研。

- 同行业竞争者调研的主要内容包括竞争者是谁、竞争者数量、竞争者的市场占有率、竞争者的市场竞争策略、竞争者的竞争能力、竞争者的市场营销组合策略和潜在竞争者出现的可能性等。
- 同行业竞争产品调研的主要内容包括竞争者的产品设计能力、工艺能力，产品数量、质量、品种、规格、款式、商标、成本、价格和营销服务能力，以及竞争者发展新产品的能力和动向等。

企业做市场调研时，首先要了解该行业现在处于何种竞争状态，并进一步分析市场上现有的竞争者，结合市场需求和市场机会进行分析，更好地把握市场竞争状况，从而做出正确的决策。

素养提升

公平竞争是市场经济的基本原则，是市场机制高效运行的基础。我们要提高对竞争合规重要性的认识，培养法治思维，弘扬公平竞争的文化理念，营造有利于公平竞争的良好环境，积极维护统一开放、竞争有序的市场体系。

5. 消费者满意度调研

企业可以通过消费者满意度调研来了解影响消费者满意度的决定性因素，预测消费者对各个因素的满意度水平，使企业相较于其他竞争者能够更好地满足消费者提出的要求。消费者满意是企业营销管理的出发点，也是检验企业营销管理绩效的重要尺度。

消费者满意度调研的主要内容包括消费者对有关产品或服务的整体满意

度、具体满意度，满意或不满意的原因，对改进产品或服务质量的具体建议，以及对各竞争对手的满意度评价等。

👤 活动二　掌握市场营销调研的步骤

一般完整的市场营销调研步骤为确定调研问题，制定调研方案，组织实施调研，分析调研信息，输出调研报告，如图 2-2 所示。

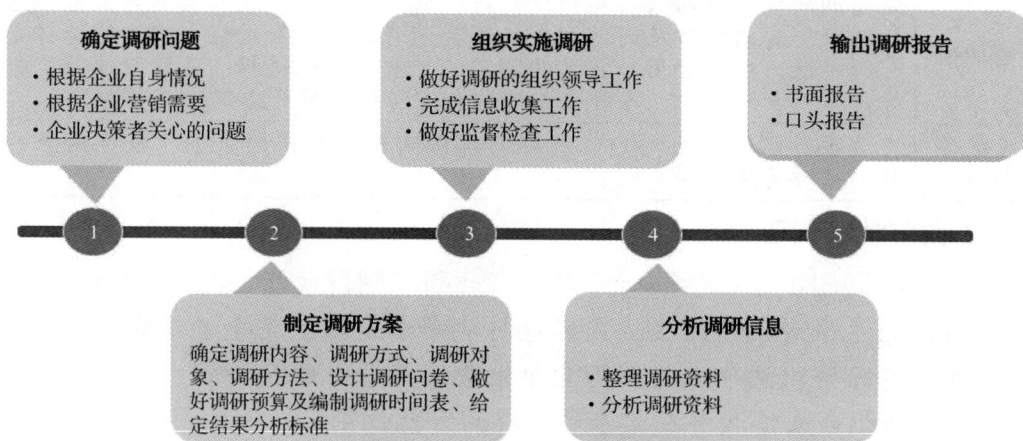

确定调研问题
· 根据企业自身情况
· 根据企业营销需要
· 企业决策者关心的问题

组织实施调研
· 做好调研的组织领导工作
· 完成信息收集工作
· 做好监督检查工作

输出调研报告
· 书面报告
· 口头报告

①　②　③　④　⑤

制定调研方案
确定调研内容、调研方式、调研对象、调研方法、设计调研问卷、做好调研预算及编制调研时间表、给定结果分析标准

分析调研信息
· 整理调研资料
· 分析调研资料

图2-2　市场营销调研的步骤

1. 确定调研问题

实施市场营销调研的第一步是确定调研问题，明确调研目标。调研人员可以根据企业自身情况确定调研问题，也可以根据企业营销需要或企业决策者关心的问题来确定调研问题。例如，企业未来的发展方向、新产品上市、开拓新市场等都可以作为确定调研问题的依据。

确定调研问题时，调研人员应注意以下几点。

- 向企业的高层领导或主管请示，以正确把握调研方向。
- 调研问题要符合企业发展需要，切实可行。
- 善于将营销活动中的决策问题转化为市场调研问题，这样调研结果能够为决策的制定提供依据。

2. 制定调研方案

在确定调研问题后，调研人员需要制定调研方案。市场营销调研方案主要包括确定调研内容、调研方式、调研对象、调研方法，设计调研问卷，做好调研预算、编制调研时间表、给定结果分析标准等，如表 2-2 所示。

表2-2 市场营销调研方案

制定调研方案	说明
确定调研内容	根据调研问题确定调研内容，参与调研的人员可以采用讨论的方式提出调研项目，然后对这些项目进行分类和重要性排序，最后确定合理的调研内容
确定调研方式	调研方式包括市场普查、重点调查、典型调查、抽样调查等。调研人员应根据企业的具体调研问题，结合每种调研方式的特点，选择科学、合理的调研方式
确定调研对象	明确调研对象有助于企业收集有针对性的信息资料。调研对象需要根据调研方式来确定，不同调研方式的调研对象不同
确定调研方法	调研方法需根据市场营销调研问题、调研内容、调研对象的不同而确定，常用的方法有文案调研法、观察调研法、问卷调研法和实验调研法等
设计调研问卷	调研问卷又称调研表，是市场调研中常用到的工具，是以问题的形式将调研内容系统地反映出来。问卷的设计非常关键，需要根据调研内容、调研对象来设计
做好调研预算	调研费用一般包括调研人员的工资、交通费、资料费、调研表设计和印刷费、礼品费等。调研人员应核定市场调研过程中将发生的各项费用支出，合理确定市场调研的总预算
编制调研时间表	调研时间是指整个调研工作持续的时间，即从开始准备到结束的时间。确定调研时间是为了保证数据的统一性和时效性，一般调研时间应根据调研问题的难易、调研内容等综合因素来确定
给定结果分析标准	调研方案的最后，需要对调研实施过程中的监督和检查作出规定，对调研结果的分析方法作出说明，提出调研报告的形式和主要结构，并以调研问题规定的有关指标分析方法和表现形式等为依据，检查调研结果是否达到既定要求

3. 组织实施调研

组织实施调研是一项比较复杂、烦琐的工作，需要按照事先订好的方案来进行。调研人员需明确自身的工作任务及工作职责，在实施调研过程中把任务落实到位。

调研人员组织实施调研需注意以下几项工作。

（1）做好调研的组织领导工作

组织者应按事先划定好的调研区域确定调研样本数量、调研人员数量、每人应完成的样本数量等，并对参与调研的人员进行集中培训，使其理解、熟悉调研计划，明确调研目标，掌握相关的调研方法及技能，确保市场营销调研质量。另外，组织者要及时掌握调研工作的整体进度，协调好每个调研人员的工作进度，及时了解他们在调研工作中遇到的问题，对共性问题提出统一的解决方案。

（2）完成信息收集工作

调研人员要确定信息资料的来源，其来源有两种，分别是一手资料和二手资料。一手资料是指通过实地调研获取的最原始、没有经过任何加工处理的资料；二手资料是指通过文案调研的方法，查询出版物、行业报告、统计年鉴等有关媒体及政府部门公开发表的资讯所获取的资料。

调研人员在收集一手资料时，需熟悉调研问题、调研内容的各个项目，能够正确运用访问调研法中的各种具体方法和技巧；在收集二手资料时，要了解二手资料的各种来源，掌握文案调研法的程序与具体方法。

（3）做好监督检查工作

为了保证市场营销调研工作的顺利进行，保证调研信息的质量，企业需要设置督导员，对整个调研实施过程进行全方位、细致的监督与检查，例如，对收集的信息或问卷进行检查，及时发现存在的问题，以便在后面的调研中不断改进和完善。

4．分析调研信息

调研人员需要对收集的信息资料进行整理、检查、核实和统计分析，以得到决策者需要的研究结果。此阶段包括整理调研资料和分析调研资料。

（1）整理调研资料

调研人员需要对收集的资料进行编辑、检查和修正：对资料中重复或遗漏的地方进行补充和删改；对记录不清、不准的地方，及时核实更正；对前后矛盾、不一致的情况，删除不用。同时，调研人员要按调研内容要求对资料进行分类汇编，以文字或数字符号编码归类，以便存储和查找。

（2）分析调研资料

对调研资料进行分析是指运用统计学的原理和方法来研究各种市场营销现象的数量关系，揭示事物背后的发展规律。这就要求调研人员具备一定的统计学知识和技能，如数据处理方法，包括百分率、平均数、表格法、图示法等。常用的资料分析方法有综合归纳法、对比分析法、相关分析法、时间序列分析法和因果分析法等。调研数据的统计可利用 Excel 电子表格软件完成。

5．输出调研报告

调研数据信息经过分析处理后，需要以报告的形式呈现给企业管理者。调研报告是衡量市场调研质量和水平的重要标志，是企业管理者进行决策所需要的信息和依据。

一份良好的调研报告既要充分体现调研问题和内容，又要总结调研结果和调研人员的分析、判断和建议。一般调研报告有两种形式，一是书面报告，二是口头报告。

（1）书面报告

书面报告的内容主要包含序文、报告主题和附录 3 个部分。

• 序文，包括题目、目录、摘要。

- 报告主题，包括绪论、研究分析、结论和建议。
- 附录，包括调研报告中引用的数据资料、统计报表、研究方法的详细说明，以及获取二手资料的参考文献等。

（2）口头报告

口头报告的内容包括内容简介、研究发现和结果，以及提出的建议。口头报告可以用较短的时间说明调研报告的核心内容，要求语言生动、富有感染力，容易给管理者留下深刻的印象。口头报告是直接交流，便于增强调研人员和管理者沟通的效果，同时具有灵活性，调研人员可以根据具体情况对报告内容和时间进行调整。

活动三　选择市场营销调研的方法

市场营销调研的方法很多，主要包括实地调研法、问卷调研法和文案调研法等。

1. 实地调研法

实地调研法是指调研人员直接到市场或相关场所，如产品展销会、产品订货会、产品博览会、超市、商店等进行实地调研的方法，调研人员通常采用耳闻目睹、访问访谈或借助科学观察工具进行科学实验等方式，收集、记录和整理当时的市场现象。

实地调研法可分为观察法、访问法和实验法。

（1）观察法

观察法指由调研人员利用眼睛、耳朵等感官以直接观察的方式对调研对象进行考察，并收集资料。例如，调研人员到被观察者的销售场所观察产品的品牌及包装情况。

（2）访问法

访问法可以分为结构式访问、无结构式访问和集体访问。

- 结构式访问又称标准化访问，通常采用事先设计好的、有一定结构的访问问卷、访问提纲或调查表进行访问，并且采用随机抽样的方式选择被访问者。
- 无结构式访问是指没有统一问卷，由调研人员与被访问者进行交谈的访问，可以根据调研内容进行广泛交流。例如，对产品的价格进行交谈，了解被访问者对价格的看法。
- 集体访问是指通过集体座谈的方式听取被访问者的想法，收集信息资料，可以分为专家集体访问和消费者集体访问。

（3）实验法

实验法是由调研人员根据调研要求创造某种实验条件或环境，将调研对象控制在特定的环境条件下，通过有目的、有意识地改变或控制一个或几个影响因素，观察调研对象受其影响而发生的变化情况。调研对象可以是产品的价格、品质、包装等，调研人员在可控的条件下观察市场现象，揭示在自然条件下不易发生的市场规律，这种方法主要用于市场销售实验和消费者使用实验。

2. 问卷调研法

问卷调研法是由调研人员设计调研问卷，通过面对面、电话、邮寄问卷、网络问卷等方式，让调研对象填写问卷以获得相关信息的方法。问卷调研法是目前常用的市场营销调研方法。

（1）调研问卷的内容

一份正式的调研问卷包括3个组成部分，即前言、正文和附录。

- 前言，主要说明调研的主题、目的、意义，以及向调研对象表示感谢。
- 正文，是调研问卷的主体部分，一般设计若干问题，要求调研对象回答。
- 附录，登记调研对象的有关情况，为进一步的统计分析收集资料。

（2）调研问卷的提问方式

调研问卷的提问方式有封闭式提问和开放式提问两种。封闭式提问就是在每个问题后面给出若干个选择答案，调研对象只能在这些备选答案中选择；开放式提问就是允许调研对象用自己的话来回答问题。

调研人员在设计问卷时应注意以下几点。

- 问卷不宜过长，问题不能过多，一般控制在20分钟内回答完毕。
- 为了获得调研对象的配合，要充分考虑其身份背景，不宜提出对方不感兴趣甚至厌烦的问题。
- 尽量少设计开放式问题，因为不便于统计。另外，问题答案切忌模棱两可，以免调研对象难以选择，影响调研结果的真实性。
- 不宜过多使用专业术语，也不能将两个或多个问题合并为一个，否则可能得不到明确的答案。
- 问题的排列顺序要合理，一般先提出概括性问题，逐步启发调研对象，循序渐进，并将难以回答或涉及个人隐私方面的问题放在最后。
- 为了提高数据统计效率及准确性，调研问卷最好能够直接进行计算机读取。

💡 **知识窗**

两种问卷提问方式，设计的主要内容如下。

（1）封闭式提问

① 是非式问题，即调研对象只需对所提问题回答"是"或"否"便可。

②多项选择，调研人员一般提供3个以上答案供调研对象选择。

③李克特量表，调研人员请调研对象在坚决同意和坚决不同意间选择。

④语义级差，调研人员请调研对象在最好和最差之间进行选择。

⑤重要量表，调研人员请调研对象在最重要和最不重要之间进行选择。

（2）开放式提问

①自由格式，调研人员对调研对象无任何引导、暗示或限制。

②填充式，调研人员请调研对象在不完整的语句中填入有关内容。

③联想式，调研人员请调研对象对于给定的词汇、情节等进行联想。

④图示式，调研人员给出一幅图画，请调研对象增添内容或进行联想。

知识窗

新兴的网络技术为市场营销调研提供了现代化的技术工具，为企业快速、充分地获得市场信息提供了很大帮助，如问卷星。

问卷星是一个专业的在线问卷调查、测评、投票平台，专注于为用户提供功能强大、人性化的在线设计问卷、采集数据、自定义报表、分析调查结果等一系列服务。问卷星可以实现以下功能。

（1）在线设计问卷

问卷星提供了"所见即所得"的设计问卷界面，支持多种题型以及信息栏和分页栏，并可以给选项设置分数（可用于量表题或测试问卷），可以设置关联逻辑、引用逻辑、跳转逻辑，同时还提供了千万量级的专业问卷模板。

（2）发布问卷并设置属性

完成问卷设计后可以直接发布并设置相关属性，如问卷分类、说明、公开级别、访问密码等。

（3）发送问卷

调研人员通过微信、QQ、微博、电子邮件等方式将问卷链接发送给调研对象进行填写，或者发送邀请邮件，嵌入公司网站，与企业微信、钉钉、飞书等高度集成。

（4）查看调查结果

调研人员可以通过网站自动生成的柱形图、饼状图、圆环图、条形图等查看统计图表，以卡片的界面形式查看答卷详情，分析答卷来源的地区分布、网站类型、调研时间段。

（5）创建自定义报表

在自定义报表中，调研人员可以设置一系列筛选条件，不仅可以根据答案做交叉分析和分类统计（例如，年龄在20～30岁的女性受访者的统计数据），还可以根据答卷的来源地区和网站等筛选出符合条件的答卷集合。

（6）下载调查数据

调研完成后，调研人员可以将统计图表下载到 Word 文档中保存、打印，或者将原始数据下载到 Excel，导入 SPSS 数据分析软件，做进一步分析。

> **经验之谈**
>
> 调研问卷中不宜涉及的问题及其原因如下。
>
> （1）您每月的收入是多少？（涉及隐私）
>
> （2）您每月的支出是如何分配的？（问题太抽象）
>
> （3）您经常来这家商店吗？（"经常"的含义有不确定性）
>
> （4）您喜欢这家企业吗？（问题过于直接）
>
> （5）您上星期看到我们的广告几次？（人们可能无法准确记住看到几次）
>
> （6）您对我们的产品结构是否满意？（问题太抽象）
>
> （7）您是否赞成这种"削价倾销"的做法？（用词带有明显的倾向性）

3. 文案调研法

文案调研法是指调研人员利用内部和外部现有的各种资料、信息、情报，以查阅和归纳的方式收集并整理所需资料的调查方法。文案调研法是一种间接调研法，主要是获取二手资料。

文案调研法主要调研以下内容。

- 企业内部资料（包括内部有关部门的记录、统计表、报告、财务决算、用户来函等）。
- 政府机关、金融机构公布的统计资料。
- 公开出版的期刊、书籍、研究报告等。
- 市场研究机构、咨询机构、广告公司公布的资料。
- 行业协会公布的行业资料，竞争企业的产品目录、样本、产品说明书及公开的宣传资料。
- 政府公开发布的政策、法规、条例规定以及规划、计划等。
- 推销人员提供的资料。
- 供应商、分销商提供的资料。
- 展览会、展销会公开发送的资料等。

任务二　分析市场营销环境

任务描述

李老师告诉小艾，任何成功都不是偶然的。企业的营销活动必须在一定的自然环境和社会环境中进行，企业只有适应市场营销环境，营销活动才能成功。市场营销环境是指与企业市场营销相关的、影响产品供给与需求的所有外界条件和因素的总和，分为市场营销微观环境和市场营销宏观环境。要想营销成功，企业就要把握营销环境的变化趋势，适应环境的变化，提高市场应变能力。

任务实施

活动一　分析市场营销微观环境

市场营销微观环境又称直接营销环境，指与企业紧密相连、直接影响企业营销能力的各种环境因素的总和，包括企业内部要素、供应商、营销中介、客户、竞争者及社会公众等。分析市场营销微观环境可以更好地协调企业与这些相关群体的关系，促进企业营销目标的实现。

1. 企业内部要素

企业内部要素包括企业管理层、营销管理部门和其他职能部门。一个企业的组织结构从纵向上一般可分为3个管理层次：决策层（领导层）、中间层（执行层）和基层（操作层）；从横向上分为不同的职能部门：市场部、生产部、采购部、人力资源部、财务部、研发部等，这些部门和人员构成了企业的内部环境。企业内部各部门的协同能力影响着企业为消费者提供产品或服务的能力和水平。

2. 供应商

供应商是指向企业及其他竞争者提供生产经营所需资源，如提供能源、原材料、设备、配件、劳务和资金等的企业或个人。供应商对企业营销活动有着极其重要的影响。例如，供应商提供原材料的数量和质量直接影响企业产品的数量和质量，供应商的原材料价格直接影响企业产品的成本、价格和企业的利润。

3. 营销中介

营销中介是指为企业营销活动提供各种服务的企业和部门的总称。营销中介主要包括中间商、营销服务机构、物资分销机构、金融机构等，如图2-3所示。

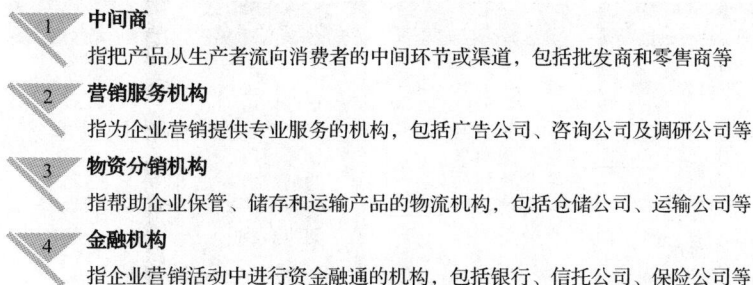

1 **中间商**
指把产品从生产者流向消费者的中间环节或渠道，包括批发商和零售商等

2 **营销服务机构**
指为企业营销提供专业服务的机构，包括广告公司、咨询公司及调研公司等

3 **物资分销机构**
指帮助企业保管、储存和运输产品的物流机构，包括仓储公司、运输公司等

4 **金融机构**
指企业营销活动中进行资金融通的机构，包括银行、信托公司、保险公司等

图2-3　营销中介

4. 客户

客户是指使用进入消费领域的最终产品或服务的消费者。客户是企业营销活动的最终目标市场，所以企业的一切营销活动都应以客户需求为核心。按照客户的购买动机，客户市场可分为消费者市场、生产者市场、中间商市场、政府市场、国际市场，如图2-4所示。

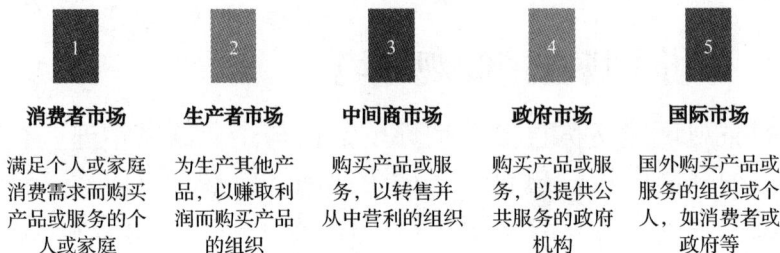

消费者市场	生产者市场	中间商市场	政府市场	国际市场
满足个人或家庭消费需求而购买产品或服务的个人或家庭	为生产其他产品，以赚取利润而购买产品的组织	购买产品或服务，以转售并从中营利的组织	购买产品或服务，以提供公共服务的政府机构	国外购买产品或服务的组织或个人，如消费者或政府等

图2-4 客户市场

5. 竞争者

竞争者是指生产与本企业类似的产品或提供与本企业类似的服务，且目标消费者也与本企业类似的其他企业，其产品与本企业产品有可替代关系。竞争者主要包括愿望竞争者、行业竞争者、形式竞争者与品牌竞争者。

- 愿望竞争者是指提供不同的产品以满足客户不同需求的竞争者。
- 行业竞争者是指提供不同的产品以满足客户相同需求的竞争者。
- 形式竞争者是指生产同种产品，但提供不同规格、型号、款式的竞争者。
- 品牌竞争者是指同类产品的不同品牌之间，在质量、特色、服务、外观等方面展开竞争的竞争者。

例如，某位消费者目前有购车、购买公寓和出国度假的消费愿望，但其购买能力只允许满足其中之一，经过考虑他选择了购车，这是愿望竞争。从愿望竞争到品牌竞争，四类竞争者之间的关系如图2-5所示。

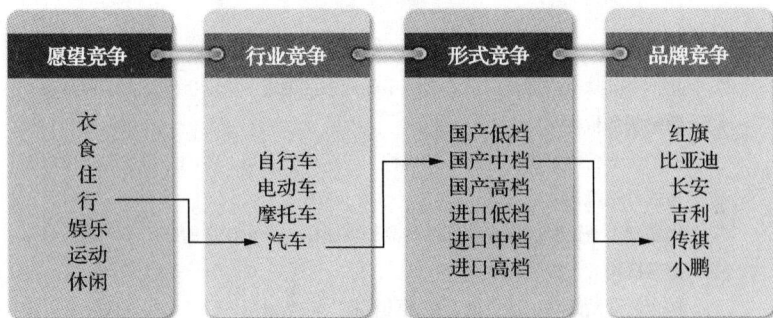

图2-5 竞争者之间的关系

6. 社会公众

社会公众是指对企业实现营销目标构成实际或潜在影响的团体。企业面对的社会公众包括以下几类，如图2-6所示。

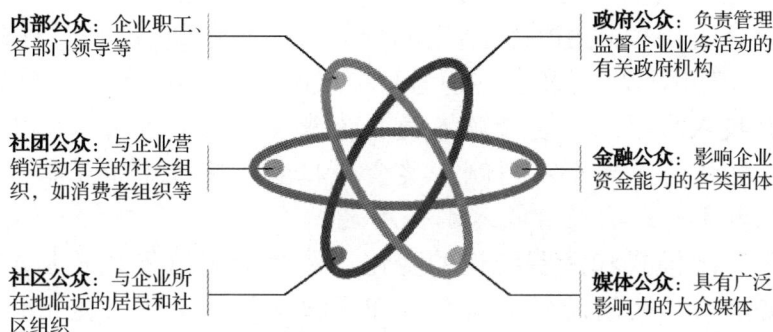

内部公众：企业职工、各部门领导等

社团公众：与企业营销活动有关的社会组织，如消费者组织等

社区公众：与企业所在地临近的居民和社区组织

政府公众：负责管理监督企业业务活动的有关政府机构

金融公众：影响企业资金能力的各类团体

媒体公众：具有广泛影响力的大众媒体

图2-6　社会公众类型

👤 活动二　分析市场营销宏观环境

市场营销宏观环境是指影响企业营销活动的一系列巨大的社会力量和自然环境，主要是人口、经济、政治与法律、科学技术、社会文化及自然等因素。市场营销宏观环境直接为企业的市场营销活动带来机会和威胁，还会通过影响企业的微观环境而间接地影响企业的经营活动。

1. 人口环境

人是构成市场的重要组成部分。企业应重视对人口环境的分析，密切关注人口特性及发展状况，及时调整营销策略，以适应人口环境的变化。影响企业市场营销的人口环境包括人口数量、人口结构、人口密度、人口质量等。

- **人口数量**。人口数量直接决定着市场规模和市场发展的空间，人口数量与市场规模成正相关的关系。我国第七次全国人口普查结果显示，全国总人口约14亿人，这是一个非常庞大的市场。
- **人口结构**。人口结构包括人口的年龄结构、教育结构、家庭结构、收入结构、职业结构、性别结构等多种因素。其中，人口的年龄结构最重要，直接关系各类产品的市场需求量以及企业对目标市场的选择。

2022年，我国60岁以上老龄人口年增长首次突破1 200万人，很多企业已开始布局养老产品。

- **人口密度**。人口密度是指人口在不同地区的密集程度。不同的地区人口密集程度不同，导致市场规模不同、需求情况不同。从区域人口分布看，我国东部沿海地区经济发达，人口密度大，消费水平高；中西部地区经济相对落后，人口密度小，消费水平低。

- 人口质量。人口质量又称人口素质，包括身体素质、文化科学素质和道德素质3个因素。社会越发展，人口质量的总体水平也就越高。

2. 经济环境

经济环境是指企业市场营销活动所面临的外部社会条件，主要是消费者收入水平、消费者支出模式和消费结构的变化、消费者储蓄和信贷情况，以及社会经济水平等，其运行状况及发展趋势直接或间接地影响企业市场营销活动。

- **消费者收入水平。**消费者收入是指消费者个人从各种来源中所得的全部收入，包括消费者个人薪酬、奖金、租金、获得赠予等收入。消费者的购买能力主要由消费者收入水平决定。

- **消费者支出模式和消费结构的变化。**消费者支出模式是指消费者收入变动与需求结构之间的对应关系，即支出结构。消费者支出模式会随着消费者收入水平的改变而改变。消费结构是指消费过程中人们消耗的各种消费资料（包括劳务）的构成，即各种消费支出占总支出的比例关系。

💡 知识窗

经济学家常用恩格尔系数来反映消费结构的变化。恩格尔系数是国际上通用的衡量居民生活水平高低的一项重要指标，是指食品支出总额占个人消费支出总额的比例，其计算公式：恩格尔系数（%）＝（食品支出总额／消费支出总额）×100%。

在其他条件相同的情况下，恩格尔系数越大，生活水平越低；恩格尔系数越小，生活水平越高。

联合国根据恩格尔系数的大小，对世界各国的生活水平设定了一个六级划分标准。

- **贫穷：**恩格尔系数大于60%。
- **温饱：**恩格尔系数为50%～60%。
- **小康：**恩格尔系数为40%～50%。
- **相对富裕：**恩格尔系数为30%～40%。
- **富足：**恩格尔系数为20%～30%。
- **极其富裕：**恩格尔系数为20%以下。

💡 知识窗

- **消费者储蓄和信贷情况。**消费者的购买力还受储蓄和信贷情况的直接影响。每个家庭或个人都会拥有或多或少的流动资产，如储蓄、债券、股票等可以迅速变现的资产。例如，在一定时期内，如果储蓄额、股票投入等增加，那么可用于购买消费品的支出就会减少；反之，用于购买消费品的支出就会增加。

- **社会经济水平。**企业市场营销活动会受到一个国家或地区整个经济发展水平的制约。例如，以消费者市场来说，在经济发展水平比较高的地区，企业市场营销强调的是产品款式、性能及特色，即产品质量比产品价格重要；在经济发展水平较低的地区，企业市场营销则侧重于产品的功能及实用性，即产品价格比产品质量更为重要。因此，对于不同经济发展水平的地区，企业应采取不同的市场营销策略。

3. 政治与法律环境

政治与法律环境是影响企业营销活动的重要宏观环境因素。

- 政治环境是指企业市场营销活动的外部政治局势、国家方针政策及其变化。政治环境引导着企业营销活动的方向。与企业密切相关的国家政策措施包括财政政策、税收政策、人口政策、贸易政策等。
- 法律环境为企业规范经营活动的行为准则，形成一个公平、公正、有序竞争的市场环境。企业只有依法进行市场营销活动，才能受到国家法律的有效保护。对企业影响较大的法律有公司法、知识产权法、消费者权益保护法、保险法、劳动法、商标法等，企业一般会聘请专业的法律顾问来维护自己的权益。

4. 科学技术环境

科学技术是社会生产力中最活跃的因素，影响人类社会的历史进程和社会生活的方方面面，对企业营销活动的影响更是显而易见。科学技术环境是指企业在产品的设计、开发、制造和营销过程中所受到的科学技术发展的影响。

科学技术进步对企业市场营销活动的影响主要表现在以下几个方面。

（1）科学技术的发展直接影响企业的经济活动

科学技术的发展促使各类产品的更新速度加快，产品市场每天都有新品种、新款式和具有新功能、使用新材料的产品推出。这就要求企业不断进行技术革新，适应市场的变化。

在移动互联网时代，社交媒体、内容电商、大数据营销蓬勃发展，其影响力已远超传统媒体。企业需要及时变革营销模式，紧跟时代步伐，这样才能在营销中处于有利地位。

（2）科学技术的发展为市场营销活动提供更好的物质条件

首先，科学技术的发展为企业提高市场营销效率提供了物质条件。例如，京东公司的无人配送车和无人机配送服务，使物流运输的效率大大提高。其次，科学技术的发展可使促销措施更有效。例如，VR、AR技术的运用可以使网上购物的消费者在家就能看到衣服的试穿效果、家具在屋内的摆放效果。

（3）科学技术的发展改变着人们的消费方式与需求

科学技术的发展，如信息技术、网络技术、新媒体技术等改变了人们的生活方式和消费方式，越来越多的消费者采用便捷的网上购物方式。这就要求企业在策划营销活动时把握消费者需求的变化，看准营销机会，积极采取行动，满足消费者需求，从而提升企业营销效果。

5. 社会文化环境

社会文化环境是指一个国家或地区长期形成的民族特征、价值观念、宗教信仰、生活方式、风俗习惯、伦理道德、语言文字等的总和。人们在社会中生存和生活，久而久之就会形成某些特定的文化，如价值观、世界观、道德规范等，这些文化在群体中传播，潜移默化地影响着人们的消费心理和消费习惯。

社会文化环境对企业营销活动的影响主要体现在以下几方面。

（1）价值观念

价值观念是指个人对客观事物的评价准则和标准。不同文化背景下，人们的价值观念往往有着很大的差异，消费者对产品的色彩、标志、式样以及促销方式都有自己褒贬不同的意见和态度。企业在营销时必须根据消费者不同的价值观念设计产品，提供服务。

（2）教育水平

教育是文化代代相传的重要载体。教育水平直接影响消费者的生活态度、购买行为特点、具体的消费方式及对产品的价值取向、对广告促销的反应等诸多方面。一般教育水平较高的人，接受新鲜事物能力强，喜欢新颖独特、有创意、科技含量高的产品，他们对书籍、高档文具、艺术品、乐器、高性能家电等的需求量较大，反之，则需求量较小。

（3）消费习俗

消费习俗指人们在长期的经济与社会活动中所形成的一种消费方式与习惯。在不同的消费习俗下，人们具有不同的产品要求。研究消费习俗不但有利于组织产品的生产与销售，而且有利于引导人们树立健康的消费观念。

（4）民族与宗教

不同国家、地区、民族的人们有着不同的社会文化。企业为了掌握人们的购买动机与行为习惯，有必要了解与掌握不同地域人们的传统文化与宗教信仰。不同的宗教有自己独特的节日礼仪、产品使用要求等，企业应注意人们不同的宗教信仰，这样才能保证在不同地域顺利开展营销活动。

> **学以致用**
>
> 请同学们说一说你的家乡有哪些风俗习惯，这些风俗习惯对市场营销有哪些影响。分享自己家庭成员的价值观念、对产品的偏好及消费习惯。

6. 自然环境

自然环境是指自然界提供给人类的各种形式的物质财富，即自然资源，如矿产资源、森林资源、土地资源、水力资源等。自然资源是进行产品生产和实现经济繁荣的基础，与人类社会的经济活动息息相关。产品的生产涉及原材料、能源等自然资源的供给，同时企业的经营活动也影响自然环境的发展和再生过程。

活动三　运用SWOT分析法分析市场营销环境

SWOT 分析法是对市场营销环境进行分析时最常用的方法之一。SWOT 分析法是指企业系统地考虑其内部条件与外部环境，将内外部条件各方面进行综合和概括，进而分析优势与劣势、面临的机会与威胁的一种方法。

1. 认识SWOT分析法

SWOT 即 4 个英语单词的首字母缩写，这 4 个英语单词分别代表以下含义。

- S（Strengths）即优势，指的是相对于竞争对手企业所具有的如科学技术、产品质量、资金实力、企业形象及其他方面的优势。
- W（Weaknesses）即劣势，指的是影响企业经营效益的不利因素和特征，如设备陈旧、管理不善、研发落后、销售渠道不畅等。
- O（Opportunities）即机会，指的是在外部环境变化趋势中，对本企业营销有利的、正向的方面，如新产品、新市场、新需求等。
- T（Threats）即威胁，指的是在外部环境变化趋势中，对本企业营销不利的方面，如新的竞争对手出现、替代产品增多、行业政策发生变化、经济衰退、消费者偏好改变、出现突发事件等。

SWOT 分析的意义在于扬长避短、趋利避害，为企业营销决策提供有价值的逻辑分析，帮助企业认识自身的优势和劣势，让企业了解外部环境中潜藏的机会和威胁。

2. SWOT分析的步骤

SWOT 分析的步骤如下。

（1）搜集信息

搜集信息主要是运用各种调研方法，列举出企业所处的各种环境因素，即内部环境因素和外部环境因素。企业在发展中自身存在的积极因素和消极因素属于主动因素，外部环境对企业的发展有直接影响的有利因素和不利因素属于客观因素。

（2）整理和分析信息

企业将搜集的信息分类整理，纳入微观环境和宏观环境后再分析信息的含义，看其是否反映了企业的优势和劣势，是否表明企业面临着机会和威胁。

（3）构造 SWOT 矩阵

企业将调查得出的各种因素根据轻重缓急或影响程度进行排序，将那些对企业发展影响比较直接、重要和久远的因素优先排列出来，而将那些对企业发展有间接影响、次要影响和短暂影响的因素排列在后面，构造 SWOT 矩阵。

（4）制定发展策略

企业制定发展策略的基本思路是发挥优势，改善劣势，利用机会，化解威胁；考虑过去，立足当前，着眼未来；进行系统综合分析，将排列与考虑的各种环境因素相互匹配起来加以组合，得出一系列企业未来发展的可选对策。

3. 运用SWOT分析法

在运用 SWOT 分析法时，优势与劣势分析主要着眼于企业自身的实力及其与竞争对手的比较，而机会与威胁分析主要着眼于外部环境的变化及对企业可能产生的影响。

（1）优势与劣势分析

企业是一个整体，而且竞争优势的来源十分广泛，所以企业在做优势与劣势分析时必须从整个价值链的每个环节上与竞争对手做详细对比。例如，产品是否新颖，制造工艺是否复杂，销售渠道是否畅通，价格是否具有竞争力等。

如果一个企业在某个或某几个方面的优势正是该行业企业应具备的关键成功要素，那么该企业的综合竞争优势就会强一些。需要注意的是，衡量一个企业及其产品是否具有竞争优势，需要站在现有客户及潜在客户的角度。

（2）机会与威胁分析

在企业所处的市场营销环境中，企业面临的威胁和机会是并存的。威胁中有机会，机会中也有挑战。在一定条件下，威胁和机会可以相互转化，企业可以利用"威胁—机会"矩阵分析图进行综合分析和评价，如图 2-7 所示。

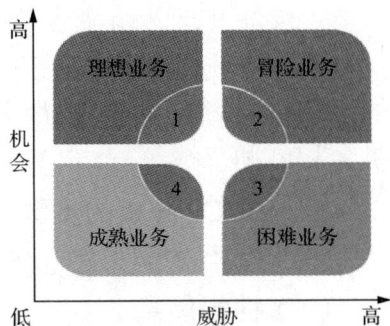

图2-7 "威胁—机会"矩阵分析图

对于上图，我们可以做出以下分析。

- **理想业务**：市场机会很多，严重威胁很少。
- **冒险业务**：市场机会很多，威胁也很严重。
- **困难业务**：市场机会很少，威胁却很严重。
- **成熟业务**：市场机会很少，威胁也不严重。

知识窗

对于企业来说，环境发展的趋势一方面是环境威胁，另一方面是市场营销机会。环境威胁与市场营销机会通过对企业构成威胁或提供机会而影响营销活动。

（1）环境威胁

环境威胁是指环境中一种不利的发展趋势所形成的挑战。如果不采取果断的市场营销行动，那么这种不利趋势将会危害企业的市场地位。企业营销管理者应善于识别威胁，积极采取行动，以避开威胁或将威胁造成的损失降到最低。

企业在面临威胁时的3种对策分别为反抗、减轻和转移。

- **反抗**：试图限制或扭转不利因素的发展。
- **减轻**：通过调整市场营销组合来改善环境，以减轻环境威胁的严重程度。
- **转移**：将市场目标转移到其他盈利更多的行业或市场。

（2）市场营销机会

市场营销机会是指对企业市场营销管理富有吸引力的领域，在该领域内，企业将拥有竞争优势。市场营销环境的威胁与机会常常是并存的，营销者应善于将消费者的需求转变为企业的商机，从而使企业赢利。

知识窗

任务三 分析市场购买行为

任务描述

李老师告诉小艾，因为企业的最终目标是销售产品，所以消费者市场是企业研究分析的关键对象，分析市场购买行为是重中之重。接下来，小艾就跟随李老师学习分析市场购买行为，包括分析消费者需求、分析消费者购买行为和分析组织购买行为。

任务实施

活动一 分析消费者需求

消费者需求是人们为了满足个人或家庭生活的需要而购买产品、服务的欲望和要求。在现实生活中，虽然人们的需求丰富多彩、多种多样，但消费者购买产品的欲望与需求存在着共性特征与规律，营销者通过这些特性能够进一步了解并掌握消费者的需求。

消费者需求的特性如表2-3所示。

表2-3 消费者需求的特性

特性	说明
多样性	不同的消费者由于民族传统、宗教信仰、生活方式、家庭环境、文化水平等方面的差异，具有不同的价值判断和审美标准
发展性	消费者的需求并不是静止不变的，会随着年龄、经济能力、生活水平等的变化而不断变化，也可能因他人的建议、社会舆论或心理变化而变化。另外，当原有的需求得到满足后，新的需求又会产生
层次性	消费者的需求具有一定的层次性，一般呈现逐渐升级的状态，从低级到高级、从简单到复杂、从物质需求到物质加精神需求。从马斯洛的需求层次理论中可以看出，人类的需求存在着一个由低级到高级的过程
伸缩性	消费者需求会受很多因素的影响与限制，如价格的高低、销售服务的优劣、自身购买的迫切性和支付能力等因素，这些因素的变化会引起消费者需求的相应改变，从而使需求表现出伸缩性
周期性	消费者需求具有一定的周期性，例如，购买一台计算机可以使用很多年，一桶食用油可以食用1个月，夏季购买夏装、冬季购买冬装等，周期性主要由消费品本身的特性所决定
可引导性	消费者购买产品会受思想意识、社会交往、生活工作环境、广告宣传等因素的影响，这些因素可以促使消费者产生新的心理需求，因此消费者需求是可以引导和刺激的。许多企业会通过广告宣传信息引导消费者的需求发生变化和转移，创造新的消费流行趋势
互补互替性	由于产品之间具有一定的互补性和可替代性，因此消费者需求受一定因素的影响，也具有互补互替性。例如，茶叶与茶具、牙膏和牙刷等属于互补产品范畴，选择乘飞机或火车，选择牛肉或羊肉等则属于互替性范畴。营销者要合理运用产品的互补互替性来满足消费者的需求

除了解消费者需求的特性，营销人员还要掌握消费者需求的层次。由美国心理学家马斯洛提出的需求层次理论指出了人的5种需求层次，这5种层次由低到高依次排列，当低层次需求满足后才会上升到高层次需求。需求层次理论可以为企业营销和市场预测提供依据，如图2-8所示。

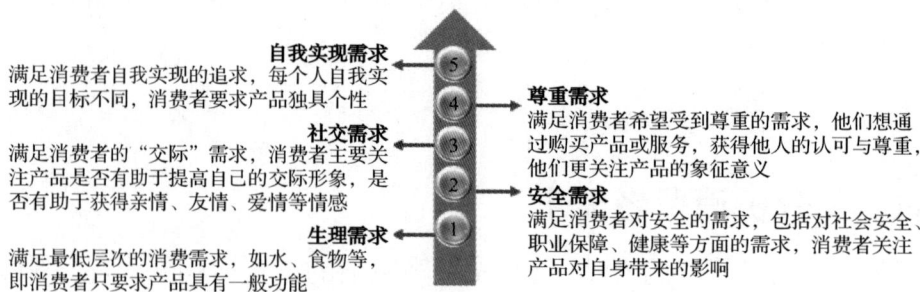

图2-8 马斯洛需求层次理论

👤 活动二 分析消费者购买行为

消费者购买行为是指消费者为了满足其个人或家庭生活需要而发生的购买产品或服务的决策过程。营销人员通过研究分析消费者购买行为，掌握其购买规律，从而制定出有效的营销策略，实现企业营销目标。分析消费者购买行为，要了解消费者购买行为的特点，分析影响消费购买行为的各种因素，了解消费者做出购买决策的过程。

1. 消费者购买行为的特点

消费者购买行为具有以下特点。

（1）分散性

消费者购买行为涉及每个人及每个家庭，人数众多。由于消费者所处的地理位置各不相同，购买时间和购买地点比较分散，而且消费者通常分批、少量、多次购买，所以消费者购买行为具有分散性。

（2）差异性

消费者因受年龄、性别、职业、收入、文化水平等因素的影响，其消费需求存在着较大的差异。随着社会经济的发展，消费者的消费习惯、消费观念、消费心理也在不断地发生变化，进一步加大了消费者购买行为的差异性。

（3）流动性

随着市场经济的发展，人口在地区间的流动性越来越大，导致消费者购买的流动性很大，消费者的购买行为常常在不同产品、不同地区及不同企业之间流动。

（4）周期性

产品购买的周期性较大，某些产品消费者需要常年购买、均衡消费，如日用品、食品等生活必需品；某些产品消费者需要按季节或节日购买，如节日礼品；而有的产品则是消费者在产品出现损坏或需要更新时才考虑重新购买，如家电。

（5）时代发展性

消费者的购买行为具有强烈的时代发展性。消费者往往会受时代精神、社会风俗的影响而产生一些新的需求。例如，电商购物、直播购物、订外卖、乘坐网约车等消费行为在近年来呈较快增长趋势。

2. 影响消费者购买行为的因素

影响消费者购买行为的因素主要包括文化因素、社会因素、个人因素和心理因素，如图2-9所示。

（1）文化因素

文化因素对消费者购买行为有着广泛和深远的影响，主要有文化、亚文化两个方面。

- **文化**。文化是决定消费者欲望和行为的基本因素，是在社会实践中逐渐形成的，包

图2-9 影响消费者购买行为的因素

括价值观、伦理道德、风俗习惯、宗教信仰、语言文字等。任何消费者购买行为都会受到诸多文化因素的影响。

- **亚文化**。亚文化是指某一文化群体所属次级群体的成员共有的独特信念、价值观和生活习惯，通常包括民族、宗教、地理等。亚文化提供给消费者特定的认同对象，并对消费者购买行为具有较直接的影响。

（2）社会因素

消费者购买行为同样受诸如参考群体、家庭等一系列社会因素的影响。

- **参考群体**。参考群体是指能直接或间接影响个人的态度、意见和价值观的所有团体。
- **家庭**。家庭是与消费者最密切相关的群体，家庭成员对消费者购买行为的影响最为强烈。

（3）个人因素

消费者购买行为也会受个人自身因素的影响，特别是年龄、职业和文化水平、生活方式及经济状况的影响。

- **年龄**。不同年龄的人有不同的消费心理和消费行为，同一人在不同年龄段对产品的需求也不同。
- **职业和文化水平**。不同职业的人对不同产品或品牌会表现出不同的看法和购买意向，形成不同的消费习惯。一般文化水平较高的人对书籍等文化用品的需求量较大，且购买产品时比较理智。
- **生活方式**。生活方式是人们根据自己的价值观念等安排生活的模式，并通过其活动、兴趣和意见表现出来。
- **经济状况**。个人经济状况是决定消费者购买行为的首要因素，能否发生购买行为及购买产品的种类与档次的选择，取决于消费者自身的经济状况，即是否具备购买产品的支付能力。

（4）心理因素

消费者的购买决策受消费者心理活动的影响。心理因素甚至在某种程度上决定着消费者的购买决策。影响消费者购买决策的心理因素包括个性、认知、学习和态度等。

- **个性**。个性是指人的心理面貌，是个人心理活动中稳定的心理倾向和心理特征的总和。一个人的个性决定其对现实的态度以及事物的趋向与选择，包括需要、动机、兴趣、理想、信念、世界观等。
- **认知**。认知是消费者对产品或服务的感觉、知觉、记忆与思维的综合意识活动，消费者是否采取行动，怎样采取行动及采取什么样的行动，都会受到认知的影响。
- **学习**。学习是消费者在购买和使用产品过程中不断获得知识、经验和技能，不断完善其购买行为的过程。

- **态度**。态度是消费者在购买或者使用产品的过程中对产品形成的反应，即对产品的好坏、优劣做出的肯定或否定的情感反应。

📖 **案例链接**

家清行业论坛，"大话"行业新趋势

2023 年，家清行业的增长机会是什么？

针对这一问题，2023 年天猫金妆奖家清行业论坛在上海举行，天猫家清行业的资深行业运营、商家代表和与会从业者们共同分享了家清行业的发展方向、营销机遇与增长机会。

天猫家清行业负责人在分享 2023 年新趋势赛道时表示，家清行业与美妆、个护不一样，其购买人群和使用人群不一样，在家清分品类的消费者决策路径中，例如，纸品、织物洗护，品类是第一选择，其次是品牌、功效和人群；环境清洁、清洁工具两大品类，场景的重要性尤为明显。

在划分家清人群时，企业要从家庭成员大生命周期、所在城市、流动性、家庭生活重心、典型生活场景等方面考虑，基于这样的消费者洞察构建家清品类决策树，从家庭生活环境、基础清洁、深度清洁、空气防护、精致养护等方面拆分出存量市场和增量市场。

天猫超市基于 3 亿家庭用户人群，以二人家庭、新生儿妈妈和家庭主妇的核心用户画像覆盖了家清用户重要的人生阶段，同时也看到新势力人群的增长十分迅速，即"Z 世代"的 18～24 岁的年轻人。

会上优秀品牌方代表也进行了分享。德佑品牌从单独的母婴品类延展到个护家清领域，通过定位湿厕纸这一细分赛道成功起航，其总经理表示，在最初做市场定位时，也看到了整个淘系数据的大盘表，发现整个市场的大盘仍在增长，湿厕纸的市场占有率为 2%，未来三年市场占比将不断提高。作为市场挑战者，德佑品牌建立"爱干净的人都在用德佑"品牌心智，选择贴近"Z 世代"的品牌代言人，抓住了市场机会。

智慧锦囊：家清行业的目标消费者为家庭成员，即消费者产生购买行为的影响因素为家庭这一社会因素，消费者购买家清产品是为了做家庭环境清洁，一般以已婚人群为主。同时，未婚年轻人群的占比也越来越多，对于这一人群，其购买行为的影响因素为年龄，年轻消费群体的购买原因多数为对产品的新奇性和对消费者自身的有益性。但不管是家庭成员还是"Z 世代"人群，购买家清产品普遍是为了保持居所的干净卫生，让自己成为一个爱干净的人，这也切合德佑品牌建立的品牌心智，购买行为的影响因素为生活方式。

3. 消费者购买决策过程分析

在了解影响消费者购买行为的主要因素后，营销人员还应清楚哪些人会参

与决策及做出购买决策的过程。

在购买产品或服务的过程中，参与决策者主要包括发起者、决策者、购买者和使用者，如图 2-10 所示。

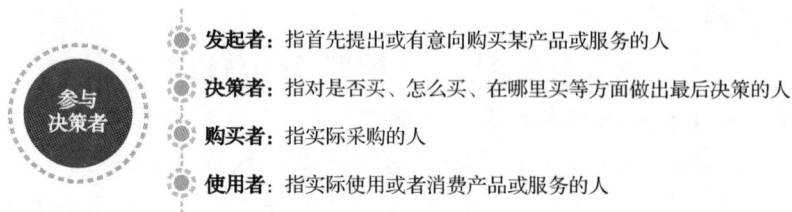

参与决策者

发起者：指首先提出或有意向购买某产品或服务的人

决策者：指对是否买、怎么买、在哪里买等方面做出最后决策的人

购买者：指实际采购的人

使用者：指实际使用或者消费产品或服务的人

图2-10　参与决策者

通常情况下，在复杂的购买行为中，消费者的购买决策过程分为 5 个阶段：确认需求、信息收集、选择评价、购买决策和购后行为，如图 2-11 所示。

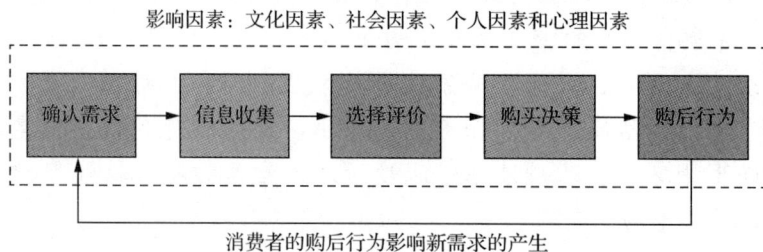

影响因素：文化因素、社会因素、个人因素和心理因素

确认需求 → 信息收集 → 选择评价 → 购买决策 → 购后行为

消费者的购后行为影响新需求的产生

图2-11　消费者购买决策过程

（1）确认需求

需求是购买行为的起点。当消费者有一种需求必须得到满足时，购买过程就开始了。购买需求是由内部刺激或外部刺激激发的，也有可能是内、外两方面共同作用的结果。因此，企业应根据消费者的兴趣采取有针对性的营销策略，激发消费者的购买需求。

（2）信息收集

当消费者对某种产品或服务的需求趋于强烈时，就会去收集与产品或服务相关的各种信息，以便做出购买决策。消费者的信息来源主要包括以下 4 个方面。

· 个人来源，指家庭成员、朋友、邻居或同事等提供的信息。

· 商业来源，指从推销员、广告、经销商、展销会等方面获得的信息。

· 公共来源，指大众传播媒介、消费者评审组织等提供的有关信息。

· 个人经验，指消费者本人通过以前购买使用或当前试用获得的信息。

（3）选择评价

消费者掌握相关信息后，会对不同的产品或服务进行评价并做出选择。此环节是消费者决策过程中的决定性环节。消费者的评价内容一般包括以下 3 个方面。

- 产品属性，指产品具有的能够满足消费者需求的特性。
- 品牌信念，指消费者对某品牌优劣程度的整体看法。
- 效用要求，指消费者对该品牌每种属性的效用应当达到何种水准的要求。

（4）购买决策

当消费者对收集的信息进行综合评价，并根据某种选购模式分析判断后，会形成明确的购买意向。但并非所有具有需求的人都会购买，他们的购买决策还受其他因素的影响，如参考群体（亲朋好友）的态度、意外情况（失业、产品涨价、家庭变故等）的影响。

（5）购后行为

购后行为是指消费者在购买产品或服务后产生的不同程度的满意或不满意所带来的一系列行为表现。消费者的购后行为对企业而言是一种极其重要的信息反馈，营销者要注意及时、有效地加强售后服务，积极收集消费者的购后评价，以采取相应的营销策略，成功地开展市场营销活动。

📎 学以致用

请同学们说一说自己购买产品的经历，例如，在购买早餐和购买手机或计算机等不同产品时做出决策的影响因素有哪些，购买经历有何差异。

💡 知识窗

消费者购买行为的类型分以下几种。

- 习惯型，指消费者按照自己的习惯购买，它是一种简单的购买行为。
- 理智型，指消费者在每次购买前要对所购产品进行较为仔细的研究，认真挑选、比较，权衡利弊后再购买。
- 经济型，指消费者购买时特别重视价格，对价格的敏感度较高。
- 冲动型，指消费者容易受产品的外观、包装及促销手段等刺激而产生购买行为。
- 疑虑型，指消费者购买时经常会犹豫不决、疑虑重重，做决策时小心谨慎，决策过程比较缓慢，用时较多。
- 随意型，指消费者对自己购买的产品没有固定的偏爱心理，往往是随意购买或奉命购买。

对于不同类型的消费者，营销人员应采取有针对性的营销策略。

💡 知识窗

活动三　分析组织购买行为

组织的种类很多，根据组织的性质和目的不同，组织可以分为企业、机构、政府等。组织购买行为一般是指工商企业为从事生产、销售等业务活动，以及政府部门和非营利性组织为履行职责而购买产品或服务的行为。

1. 组织购买行为的特点

组织购买行为与消费者购买行为有所不同，具体表现为以下几个特点。

（1）规模性

与个人消费者相比，组织购买者的数量较少，但购买规模较大，购买产品数量较多，涉及金额较大。因此，组织购买一般由专业人员负责。

（2）复杂性

组织购买行为的购买决策过程更复杂，影响组织购买决策的人更多。一些组织有专门的采购委员会，由技术专家、高层管理者、采购人员等组成。

（3）直接性

组织购买一般是专业性采购，且交易涉及的金额较大。组织购买者通常直接从生产厂商处购买，不经过中间商，尤其是技术复杂和价格昂贵的项目。因此，销售方应聘用具有专业营销知识和较强人际交往能力的营销人员与组织的采购者沟通交流。

（4）服务支持

在组织购买行为中，一般销售方需向购买方提供服务支持，包括技术支持、人员培训、及时交货、信贷优惠等服务。

2. 影响组织购买行为的因素

影响组织购买行为的因素主要包括环境因素、组织因素、人际因素和个人因素。

（1）环境因素

环境因素是对影响组织购买行为的相对重要的各种外部因素的统称，如经济环境、资源供应、技术进步、政策法规、文化习俗等。其中，经济环境因素对组织购买行为的影响最为明显，组织购买者必须密切关注经济环境因素，同时预测经济环境变化，合理安排投资结构，并进行有效的存货管理。

（2）组织因素

组织因素是指与购买者自身有关的因素，包括采购组织的经营目标、战略、政策、程序、组织结构和制度等。各组织的经营目标和战略的差异，会使其对采购产品的款式、功效、质量和价格等因素的重视程度、衡量标准不同，从而导致其采购方案呈现差异化。营销人员需要掌握的信息包括采购组织的采购方式和程序、参与采购的决策人员、组织对采购人员的政策和限制等。

（3）人际因素

组织的采购中心通常包括倡议者、使用者、影响者、决定者、购买者和控制者。这些成员往往都参与购买决策过程，他们在组织中的地位、职权、说服力以及相互之间的关系有所不同，这种人际关系也会影响购买决策和购买行为。组织中的人际关系因素非常微妙，营销人员必须仔细观察，认真对待。

（4）个人因素

组织购买行为的参与者往往很多，在购买过程中参与者的购买行为会受年龄、教育程度、专业、个性特征和风险态度等个人因素的影响。当多个供应商的供货条件较为接近时，采购者的个人情感因素对组织购买的影响尤为显著。

3. 组织购买行为的参与者

组织购买行为与个人消费者的购买行为存在明显差异，其中参与者不同是主要方面。组织购买行为的参与者主要有倡议者、使用者、影响者、决策者、购买者和信息控制者，如表2-4所示。

表2-4　组织购买行为的参与者

参与者	说明
倡议者	倡议者又称发起者，是确认购买需求的人，可以是组织内的使用者，也可以是其他人
使用者	使用者是指产品的实际使用者，使用者在购买过程中也会扮演其他角色，如倡议者或影响者。在许多场合，使用者首先提出购买建议，并协助确定产品规格
影响者	影响者是指直接或间接影响购买决策的人，通常是技术人员，如工程师、质量控制专家和研发人员
决策者	决策者是指对产品或服务做出最终选择的人，他们要做出的决策涉及标准、条件、供应商等
购买者	购买者是指具体执行购买任务的采购人员，他们参与选择供应商并负责谈判签约。在重要的购买活动中，高层管理者也会参与谈判
信息控制者	信息控制者是指可以控制有关信息的人员，如购买代理人、接待员等，他们可以控制与销售相关的外部信息流入企业，阻止供应商的推销人员与使用者或决策者接触

4. 组织购买决策过程

组织购买决策过程大致可以分为几个阶段，如图2-12所示。

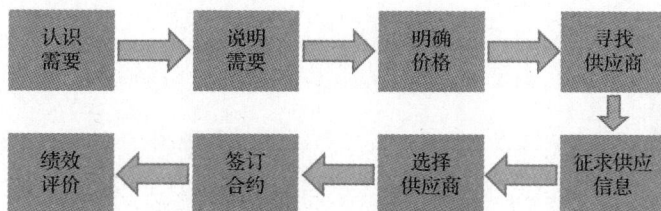

图2-12　组织购买决策过程

（1）认识需要。组织认识自己的需要，明确所要解决的问题。

（2）说明需要。组织确定所需产品或服务的特征或数量。

（3）明确规格。组织对需求项目的特征进行更为详细和准确的描述，说明所需购买产品的品种、性能、特征、数量和相关服务等，并作为采购人员的采购依据。

（4）寻找供应商。采购者从多处着手，如咨询商业指导机构、观看商业广告、参加展览会等，寻找和调查符合要求的供应商。

（5）征求供应信息。邀请合格的供应商提交供应建议书，并反复沟通相关事宜。

（6）选择供应商。组织对供应建议书进行分析评价，选择最终的供应商。

（7）签订合约。组织根据购买产品的技术说明书、需求量、交货时间、退货条件、担保书等内容与供应商签订合约。

（8）绩效评价。组织在购买和使用后对所选供应商的绩效加以评价，以决定是否维持、修正或中止供应关系。

💡 知识窗

组织购买行为主要分以下3种类型。

（1）直接重购

直接重购又称直接再购，是一种在供应商、购买对象、购买方式都不变的情况下购买曾经购买过的产品的购买类型。对于此类购买行为，供应商应确保产品质量和服务水平，不必重复推销。

（2）修订重购

修订重购又称变更重购，是指组织采购者为了更好地完成采购任务，修订采购方案，适当改变产品的规格、型号、价格、数量和条款，或寻求更合适的供应商。对于此种购买行为，原供应商应采取有效的营销措施争取留住客户，而新的供应商应抓住时机，赢得竞争，扩大销售。

（3）全新采购

全新采购是指组织首次购买某种产品或服务，对新购产品了解不多，因而在做出购买决策前要收集大量信息，制定购买策略所花时间较长。

💡 知识窗

温故知新

一、填空题

1. 市场调研报告有两种形式，分别为_____和_____。

2. 实地调研法可分为 3 种类型，分别为_____、_____和_____。

3. 由调研人员设计调研问卷，通过面对面、电话、邮寄问卷、网络问卷等方式，让调研对象填写问卷以获得相关市场信息的调研方法称为_____。

4. _____是影响企业营销活动的一系列巨大的社会力量和自然环境，主要包括人口、经济、政治、法律、科学技术、社会文化及自然生态等因素。

5. 马斯洛需求层次理论指出，消费的需求由低层次到高层次，依次为_____、_____、_____、_____和自我实现需求。

二、选择题

1. 自行车、电动车、摩托车、轿车都是交通工具，它们彼此之间形成（　　）的竞争关系。

    A. 行业竞争者   B. 愿望竞争者

    C. 形式竞争者   D. 品牌竞争者

2. 产品的（　　）是消费该产品并得到产品使用价值的人。

    A. 发起者   B. 使用者   C. 决策者   D. 购买者

3. 根据过去的购买经验和使用习惯而进行购买的行为类型属于（　　）。

    A. 理智型   B. 冲动型   C. 习惯型   D. 疑虑型

4. 你从电视广告中得知"海尔洗衣机"质量好、节能省电、价格适中，这是购买行为的（　　）阶段。

    A. 确认需求   B. 信息收集   C. 购买决策   D. 购后行为

5. 以下属于市场营销微观环境因素的是（　　）。

    A. 营销中介   B. 人口因素   C. 经济因素   D. 科学技术

三、判断题

1. 市场营销环境是不断变化的，企业应把握营销环境的变化趋势，适应环境的变化，提高市场应变能力。（　　）

2. 市场营销微观环境又称直接营销环境。（　　）

3. 马斯洛认为，只有最低层次的需求被满足后，较高层次的需求才会出现并希望得到满足。（　　）

4. 对消费者的购买行为具有最广泛、最深远影响的因素是社会因素。（　　）

5. 组织购买行为具有时代发展性，消费者购买行为的特点是购买数量多，呈现规模性。（　　）

四、简答题

1. 简述影响消费者购买行为的主要因素。

2. 简述 SWOT 分析法的分析步骤。

3. 简述组织购买行为的主要参与者。

4. 简述消费者购买决策过程。

融会贯通

请同学们自由分组，4人一组，完成以下任务。

（1）选择附近一家企业或店铺的产品作为调研对象，在该企业或店铺的周边调研该产品的销售和使用情况。

（2）规划市场调研的步骤，按照既定步骤实施调研。

（3）根据实际情况和实际条件选择合适的市场营销调研方法。

（4）运用SWOT分析法分析该企业或店铺的市场营销环境。

（5）根据市场调研过程中看到的情况和查询到的资料，分析该企业或店铺目标消费者的购买行为。

（6）根据市场营销调研获得的数据和经历撰写一份市场调研报告。

（7）完成任务后，填写表2-5。

表2-5　市场营销调研的训练评价

评价方式	选择调研对象（1分）	按照步骤实施调研（3分）	SWOT分析（2分）	市场营销调研报告（3分）	语言表达（1分）	总分（10分）
自我评价						
小组评价						
教师评价						

项目三

确定目标市场

职场情境

　　李老师告诉小艾，市场上企业众多，竞争激烈，中小企业要想在市场上立足发展，首先要做的是确定目标市场，确定目标市场是市场营销的基础。一旦确定目标市场，企业营销就有了方向。企业的一切营销活动都是围绕目标市场来进行的，企业需要根据自己的任务目标、资源和优势等权衡利弊，决定进入哪个细分市场。

　　李老师给小艾讲解了STP营销战略，其中，S代表市场细分（Segmenting），T代表目标市场（Targeting），P代表市场定位（Positioning）。STP营销战略是由菲利普·科特勒提出的，它是指企业在一定的市场细分的基础上，确定自己的目标市场，最后把产品或服务定位在目标市场中的确定位置上。STP营销战略是企业确定目标市场常用的一种策略。

　　接下来，小艾将跟随李老师一起学习更多与确定目标市场相关的知识。

学习目标

知识目标

1. 了解市场细分的标准。
2. 了解选择目标市场的标准与确定目标市场的覆盖模式。
3. 了解主要的目标市场营销策略。
4. 掌握市场定位的内容与步骤。
5. 明确市场定位的依据，掌握选择市场定位的策略。

技能目标

1. 能够有效地进行市场细分。
2. 能够选择进入目标市场的营销策略。
3. 能够针对企业进行市场定位。

素养目标

1. 培养独立思考的能力，训练对事物的观察探索能力。
2. 培养学习能力，运用正确的方法掌握新知识、新技能。

任务一　进行市场细分

任务描述

李老师告诉小艾，市场细分是确定目标市场的基础与前提。市场细分是指企业按照某种标准将市场上的消费者划分为若干个消费群体，每个消费群体构成一个子市场，在不同的子市场中，消费者需求存在着明显差别。接下来，李老师将带领小艾等人学习市场细分的标准、市场细分的方法和市场细分的步骤。

任务实施

活动一　了解市场细分的标准

这里讲的市场主要指消费者市场。市场细分不是对产品进行分类，而是对需求各异的消费者进行分类，是识别具有不同需求和欲望的消费群体的活动过程。消费者需求的差异是市场细分的基本标准。形成需求差异的各种因素均可作为市场细分的标准。市场细分的标准主要包括地理因素、人口因素、心理因素和行为因素。

1. 地理因素

地理因素之所以能够作为市场细分的依据，是因为处于不同地理位置的消费者对企业的产品有不同的需求和偏好，他们对企业采取的营销策略与措施也有不同的反应。一般地理因素比较容易辨别和分析，是进行市场细分时首先要考虑的因素，也是企业进行市场细分常用的标准。

地理因素作为市场细分标准的重要因素，其细分标准是指按照消费者所处的地理位置、自然环境来细分市场。例如，按地理区域、地理气候、人口密度、城市规模等方面的差异将整体市场分为不同的子市场，如表3-1所示。

表3-1 按地理因素进行市场细分

地理因素	市场细分
地理区域	东北、华北、华南、华东、华中、西北、西南等
地理气候	南方、北方、热带、亚热带、寒带、温带等
人口密度	都市、郊区、乡村、偏远山区等
城市规模	特大城市、大城市、中等城市、小城市

2. 人口因素

人口因素也是市场细分标准的重要因素，其细分标准是指以人口统计变量，如性别、年龄、民族、职业、家庭年收入、家庭人口、家庭生命周期、受教育程度等为基础来细分市场，如表3-2所示。

表3-2 按人口因素进行市场细分

人口因素	市场细分
性别	男、女
年龄	婴儿、儿童、少年、青年、中年、老年
民族	汉族、壮族、满族、回族、苗族、维吾尔族、土家族等
职业	公司职员、公务员、教师、科研人员、文艺工作者、企业管理人员、私营企业主、工人、离退休人员、家庭主妇等
家庭年收入	1万元以下、1万元到5万元、5万元到10万元、10万元到20万元、20万元到30万元、30万元到40万元、40万元到50万元及50万元以上
家庭人口	1到2人、3到4人、5人以上
家庭生命周期	年轻单身、年轻已婚无小孩、年轻已婚且小孩6岁及以下、年轻已婚且小孩6岁到18岁、中年夫妇、老年夫妇、老年单身等
受教育程度	初中及以下、高中、大学专科、大学本科、硕士研究生、博士研究生

由于生理上的差别，男性与女性在产品需求与偏好上有很大不同，如在服饰、发型、生活必需品等方面均有差别。不同年龄的消费者有不同的需求特点，例如，青年人的服饰一般色彩鲜艳、款式流行，而中老年人则更注重服饰经典、简约、端庄、素雅。不同职业的消费者在产品选择、休闲时间的安排、

社会交际与交往等方面都会有所不同。

3. 心理因素

心理因素也是市场细分标准的重要因素，其细分标准是指根据消费者的购买动机、生活方式、个性特征等来进行市场细分，如表3-3所示。

表3-3　按心理因素进行市场细分

心理因素	市场细分
购买动机	求实动机、求名动机、求廉动机、求新动机、求美动机等
生活方式	传统型、保守型、现代型、时髦型、奢华型、知识型等
个性特征	外向型、内向型、理智型、冲动型、独立型、依赖型等

消费者的不同心理特征会使消费者在购买产品的过程中对产品各个方面的关注程度不同，对同类产品的需求也有很大的差异。将心理因素作为标准来细分市场，可以使企业更好地认识和了解消费者市场。

4. 行为因素

行为因素也是市场细分标准的重要因素，其细分标准是按照消费者的购买时机、使用情况、消费频率、消费数量、追求利益等不同行为方面进行市场细分，如表3-4所示。消费者的购买行为能直接地反映消费者的需求差异。

表3-4　按行为因素进行市场细分

行为因素	市场细分
购买时机	日常购买、特别购买、节日购买、规则购买、不规则购买等
使用情况	从未使用、曾经使用、潜在使用、初次使用、经常使用等
消费频率	从不购买、曾经购买、初次购买、多次购买
消费数量	从不购买、少量购买、中量购买、大量购买等
追求利益	安全、健康、时髦、廉价、刺激、新奇、豪华、简约等

学以致用

某品牌化妆品根据女性消费者的（　　　）标准，将化妆品市场细分为以下4个子市场。

- 15～17岁，讲究打扮，追求时髦，以单一化妆品为主要消费。
- 18～24岁，积极消费，只要满意，不惜价格。
- 25～34岁，化妆是日常习惯，愿意尝试不同品牌。
- 35～44岁，注重保养，追求品质，有稳定的品牌偏好。

A. 年龄和职业　　　　　　　　　　B. 年龄和个性特征

C. 年龄和受教育程度　　　　　　　D. 年龄和购买动机

企业在进行市场细分时，需要遵循以下原则。

- **差异性**：各个子市场之间存在明显差异，以满足不同的消费者需求。
- **可衡量性**：各个子市场范围清晰，消费者需求程度和购买力水平是可以被衡量的。
- **可进入性**：各子市场是企业营销活动能够抵达的，消费者可以接触到企业的产品。
- **可赢利性**：各子市场拥有足够的购买潜力，能够让企业获得利润。
- **相对稳定性**：各子市场能够确保企业在相当长的时期内稳定经营，获得持续稳定的利润。

活动二 掌握市场细分的方法

市场细分是指通过市场调研，依据消费者的欲望和需求、购买行为和消费习惯等方面的差异，把整体市场及全部消费者或潜在消费者划分为若干子市场的过程。市场细分的方法主要有以下几种。

1. 单一因素细分法

单一因素细分法是指根据影响消费者需求的某一重要因素对市场进行细分的方法。例如，服装市场按性别可分为男装市场和女装市场，按气候不同可分为春装市场、夏装市场、秋装市场和冬装市场。

企业应根据市场营销调研结果，选择影响消费者需求最主要的因素作为依据进行市场细分。单一因素细分法是以企业的经营实践、行业经验和对组织客户的了解为基础的。这种细分方法简便易行，但难以反映复杂多变的消费者需求。

2. 综合因素细分法

综合因素细分法是指选择影响消费者需求的两个或两个以上因素来进行市场细分的方法。消费者需求的差异性和多样性决定了供给市场的产品或服务也必须多样化，因此企业应更加精确地进行市场细分才能更好地满足消费者的不同需求。

例如，服装市场可以按年龄和收入水平进行市场细分，如图3-1所示。每一格可代表一个子市场，共有12个子市场，其中高档

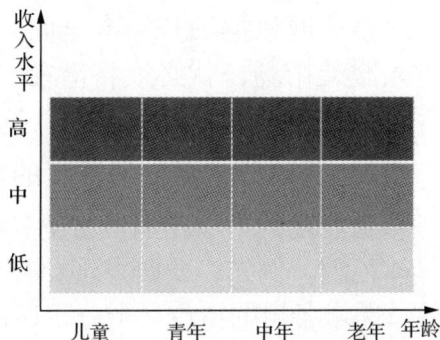

图3-1 按年龄和收入水平对服装市场进行细分

童装就是一个子市场。

3. 系列因素细分法

系列因素细分法是指企业选择多个细分标准，按照一定的顺序，由粗到细，逐层、逐级进行市场细分的方法。相对于以上两种方法，系列因素细分法的标准更为详细，细分出来的市场数量也更多。

例如，按消费者的年龄、文化程度、职业、性格等对服装市场进行细分，如图 3-2 所示。

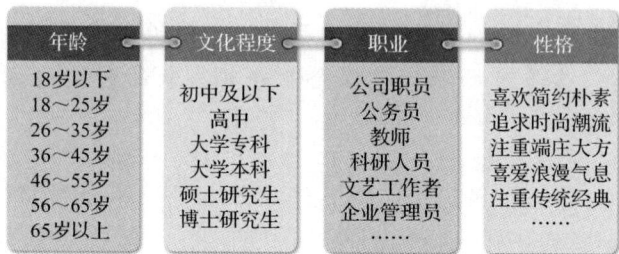

年龄	文化程度	职业	性格
18岁以下 18～25岁 26～35岁 36～45岁 46～55岁 56～65岁 65岁以上	初中及以下 高中 大学专科 大学本科 硕士研究生 博士研究生	公司职员 公务员 教师 科研人员 文艺工作者 企业管理员 ……	喜欢简约朴素 追求时尚潮流 注重端庄大方 喜爱浪漫气息 注重传统经典 ……

图3-2　按年龄、文化程度、职业、性格对服装市场进行细分

将不同的因素进行组合，可以得到不同的细分市场。当然，某些细分市场可能是没有实际意义的，企业还需要进一步分析和筛选，以寻找合适的目标市场。企业究竟选用哪些因素作为细分市场的依据，应视具体情况而定。

👤 活动三　把握市场细分的步骤

市场细分作为一个比较、分类、选择的过程，需要按照一定的步骤来进行。

1. 选定市场范围

企业根据自身的经营条件和经营能力确定进入市场的范围，即进入哪个行业、生产什么产品、提供哪些服务等。

2. 列举潜在消费者的需求

企业要根据细分标准全面列出潜在消费者的基本需求。例如，某企业准备进入服装市场，就必须将潜在消费者对服装的样式、规格、材质、种类、价格等方面的需求详细地列出来，这是企业进行市场细分的依据。

3. 调研分析潜在消费者的需求

企业在列举潜在消费者的各种需求后，可以通过抽样调研进一步明确市场的具体范围。例如，调研发现，在某一市场上存在 6 种不同的潜在消费者需求，而这些需求各自的特点又十分明显，这就意味着在这一市场上存在 6 个细分市场。

4. 筛选出理想的细分市场

企业深入分析和比较细分后的所有市场，剔除不符合要求、无实际意义的细分市场，综合考虑影响市场变化的各种因素及环境的优势与劣势，筛选出与本企业经营优势和特色一致的子市场，将其作为理想的细分市场。

5. 确定细分市场的规模和性质

对确定要进入的细分市场进行评估，根据企业的能力和资源状况确定细分市场的规模和性质，量力而行，同时结合细分市场的需求状况，描绘该细分市场的特征，初步确定细分市场的名称，如高端、中端、低端市场，经济型、豪华型、实用型市场等。

例如，某房地产公司把购房消费者细分为新婚购买者、教育需求购买者、改善需求购买者等多个子市场，并对其规模进行统计分析。

6. 运用营销策略开发目标市场

进入细分市场后，企业应精心运营细分市场，利用产品、价格、渠道和促销等营销策略去开发和拓展市场。

> **素养提升**
>
> 俗话说"商场如战场"，有营销的地方就有竞争，我们要树立正确的营销意识，正确认识并对待竞争。竞争从来都不是阻力，它是推动我们前进的动力。只有不断培养自己的学习能力和创新能力，才能持久地保持竞争优势。做企业就是遇强则强，遇弱则弱，只有竞争对手强，才能激发自己的激情，才会有创新，才会有突破，才会获得更大的成功。

任务二 选择目标市场

任务描述

李老师告诉小艾，经过市场细分之后，由于企业资源有限，匹配程度不同，企业需要在各个子市场中选择与本企业经营优势与特色一致的子市场作为目标市场。选择目标市场是评估每个细分市场与企业自身的优势、劣势状况，决定选择进入一个或多个细分市场的决策过程。企业选择的目标市场应是能给企业带来最大市场价值且能持续一段时间的细分市场。

任务实施

👤 活动一 把握选择目标市场的标准

企业在进行市场营销时，为保证营销效率，避免资源浪费，要根据自己的任务目标、资源和特长等权衡利弊，确定目标市场。

选择目标市场的标准主要有以下几点。

1. 具备一定的规模

选择的目标市场必须有一定的需求规模，企业的营销活动才有可能达到其期望的销售额和利润。企业应当评估自己的市场目标，再对比各细分市场的销售规模，选择能够达到销售目标的市场作为目标市场。

2. 有一定的发展潜力

评估一个细分市场能否成为一个值得被经营开发的目标市场，不仅要看它是否具备足够的规模，还要看它未来的发展变化和发展潜力。有充分发展潜力的市场才能作为企业市场营销发展的方向。

3. 能够避开激烈的竞争

企业选择的目标市场要尽量避开竞争激烈的领域，应选择那些竞争较少，竞争者实力较弱，还未控制市场，自身有可能乘势开拓市场并占有一定市场份额的细分市场作为目标市场。

4. 符合企业的资源条件

选择目标市场要基于企业的核心资源，企业进行市场细分的目的就是要发现与自身的资源优势能够达到最优结合的市场需求。企业的资源优势主要表现在技术水平、资金实力、经营规模、管理能力等方面。如果企业在细分市场上缺乏必备的资源条件，也没有获取相应资源的能力，那么企业就必须放弃这个细分市场。

> **知识窗**
>
> 企业在确定目标市场时，需要遵循以下原则。
> - 目标市场的选择应该遵循企业既定的发展方向和战略目标，不能分散企业原本的市场精力。
> - 产品特性、市场需求和企业具备的技术特长三者应密切关联，企业应更好地利用技术特长，生产符合市场需求的产品。
> - 企业应选择能够有效发挥自身竞争优势的细分市场作为目标市场，以便在竞争中获取有利地位。
> - 目标市场必须具备相应的购买能力，如果没有购买能力，企业就很难赢利。
>
> **知识窗**

活动二　确定目标市场的覆盖模式

企业对目标市场的覆盖有 5 种模式，如图 3-3 所示。其中，M 表示不同的市场，P 表示不同的产品。

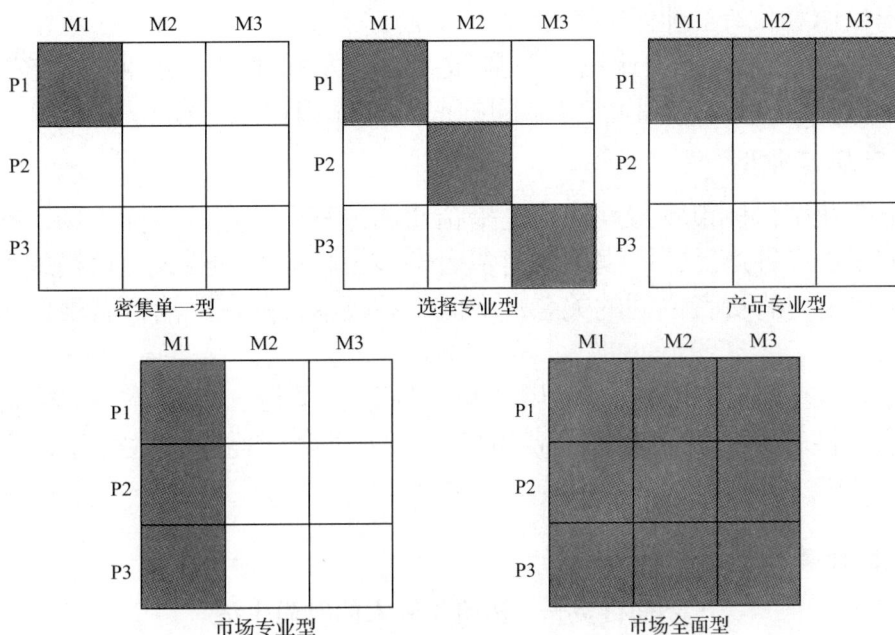

图3-3　目标市场的5种覆盖模式

1. 密集单一型

密集单一型目标市场覆盖模式，即企业只选取一个细分市场，只生产一种标准化产品，只为某一消费者群体服务的模式。该模式的优势是企业选择的经营对象单一，可以集中力量在一个细分市场中获得较高的市场占有率。该模式比较适合资源有限的小企业或新成立的企业，集中力量开拓某一细分市场。例如，某小规模服装厂商只生产中档的儿童服装。但是，该模式由于市场覆盖范围较窄，风险也较大，当有竞争者进入时，对企业的影响较大。

2. 选择专业型

选择专业型目标市场覆盖模式指企业选择多个细分市场作为自己的目标市场，并为每个细分市场提供不同的产品，满足不同消费者需求的模式。该模式要求各细分市场必须有相当的吸引力，并与企业的目标和资源相匹配，但各细分市场之间不一定有必然的联系。

例如，某服装生产商生产女士连衣裙、男士西装及中老年运动装。该模式有利于分散经营风险，即使某个细分市场失去吸引力，企业仍可继续在其他细分市场上获取利润。

3. 产品专业型

产品专业型目标市场覆盖模式是指企业集中生产一种产品，向各类消费者销售的模式。该模式使企业集中资源专注于某一类产品的研发和生产，利于发挥专业技术上的优势，使企业在该领域树立良好的形象；缺点是一旦被新技术、新产品所替代，企业将面临巨大的威胁。

例如，显微镜生产企业只专注显微镜的研发和生产，企业向学校实验室、政府实验室和工商企业实验室等不同的消费群体销售显微镜。

4. 市场专业型

市场专业型目标市场覆盖模式是指企业选择某个特定的目标市场，向同一消费者群体提供多种产品，以满足该消费者群体各种需要的模式。该模式有助于企业发展和利用与消费者之间的关系，降低交易成本，并在此消费者群体中建立良好的声誉。

例如，某企业专门向学校提供课桌、椅子、讲台、黑板等。该模式对目标市场的依赖性较大，如果此类消费者的购买力下降或需求发生变化，企业的收益将会受到较大影响。

📖 **案例链接**

三福百货——构筑年轻人的时尚生活

三福百货股份有限公司（以下简称"三福百货"）成立于1992年，致力于"让年轻人轻松享受时尚生活"，三福百货的Logo如图3-4所示。三福百货主营休闲服装、饰品、家居等，目前在全国各地拥有450多家直营分店。

图3-4 三福百货的Logo

三福百货将目标市场定位于15～35岁的年轻群体。作为休闲服饰零售市场中服务年轻群体的时尚百货品牌，它以产品款式新、品种多、质量优和价格适中为特色，受到很多年轻人追捧。三福百货采取市场专业型目标市场覆盖模式，尽力满足15～35岁年轻群体的各种需求，专门为其服务，建立起了良好的声誉。

为了更好地进行市场营销，三福百货对自己的目标市场进行了精准的细分描述，如表3-5所示。

表3-5 三福百货的目标市场细分

年龄段	目标市场描述
15～18岁	没有高消费能力，只能购买价格较低产品的青少年
19～22岁	有一定支付能力，追求时尚的大学生
23～29岁	刚步入社会，品位较高的男女青年
30～35岁	有明确自我定位、追求时尚风格的成熟男女

5. 市场全面型

市场全面型目标市场覆盖模式是指企业以一种或多种产品满足市场上所有消费者需求的模式。企业全面进入所有的细分市场，用其产品满足不同消费者群体的需求。例如，某汽车生产企业针对不同的消费群体，生产销售不同档次的汽车，满足不同消费水平的消费者的需求。一般只有实力强大的企业才能采用这种模式。

经验之谈

企业在具体选择目标市场覆盖模式时，需要考虑自身的发展阶段和资源的特点。如果企业资源雄厚，拥有大规模的生产能力、广泛的分销渠道、品质很高或品牌信誉很强的产品等，可以考虑市场全面型目标市场覆盖模式；如果企业拥有优秀的设计能力和管理水平，可以采用产品专业型、市场专业型或选择专业型目标市场覆盖模式；如果企业初次进入市场，自身资源有限，可以采用密集单一型目标市场覆盖模式。

活动三 选择目标市场的营销策略

在选定目标市场后，企业就要考虑采用何种营销策略进入目标市场。目标市场营销策略主要包括 3 种，如图 3-5 所示。

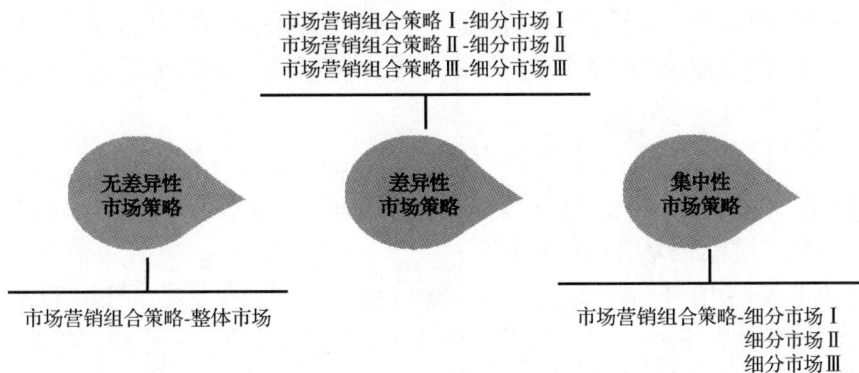

图3-5 目标市场营销策略

1. 无差异性市场策略

无差异性市场策略是指企业将整个市场作为目标市场，推出一种产品，实施一种营销组合策略，以满足整个市场尽可能多的消费者的共同需求。

无差异性市场策略注重考虑消费者在需求上的共同点，不关心他们在需求上的差异性，比较适合同质性强且能大量生产、大量销售的产品。例如，生产冰糖的企业为所有消费者提供同种口味、相同包装和同等价位的产品。

无差异性市场策略的优势是成本低，可以节省市场调研、产品开发、广告宣传等方面的费用。但是，这种策略忽视了消费者需求的多样性，当竞争者都在为各自的细分市场服务时，这种营销策略就失去了竞争力。

2. 差异性市场策略

差异性市场策略是指企业把整体市场划分为几个细分市场，针对不同细分市场的特征设计不同的营销组合策略，以分别满足不同消费群体的需求。例如，美团实行差异性市场策略，针对不同的细分市场，其业务扩展为美团到店、美团到家、美团旅行、美团出行等服务。

差异性市场策略可以有效提高企业产品的竞争力，减少经营风险，提高市场占有率，但是企业进入的细分市场较多，需要针对各个细分市场的需要设计不同的产品，制定不同的市场营销组合策略。差异性市场策略的局限性是经营成本高，需要针对不同的细分市场制订独立的营销计划，会增加企业在市场调研、促销和渠道管理方面的成本。

3. 集中性市场策略

集中性市场策略是指企业集中力量进入一个或少数几个细分市场，开发一种专业性产品，满足特定消费者的需求。

集中性市场策略比较适用于资源有限的中小企业。中小企业受财力、物力、技术等因素的制约，在整体市场无法与大企业抗衡，但集中资源优势进入某个细分市场则有可能获得成功。

企业实施集中性市场策略的前提是充分了解消费者的消费行为，掌握不同消费群体的差异及由此产生的不同需求，使产品能够满足细分市场的消费需求。

以上3种目标市场营销策略各有利弊。企业进入目标市场时，必须考虑面临的各种因素和条件，如企业规模和原料的供应、产品类似性、市场类似性、产品生命周期、目标市场的竞争性等。

企业内部条件和外部环境在不断发展变化，营销者要经过市场调研和预测，分析市场变化趋势与竞争者的条件，扬长避短，发挥优势，把握时机，采取灵活的适应市场态势的策略，争取最大化的利益。

任务三 做好市场定位

任务描述

小艾觉得，市场定位就是让市场上的消费者认识本产品的过程。李老师对小艾的看法表示认可，他又补充道，市场定位是指企业根据目标市场上同类产品的竞争状况，针对消费者对该类产品的某些特征或属性的重视程度，结合自身特点，为本企业产品塑造强有力的、与众不同的鲜明个性，并将其形象生动地传递给目标消费者，以求得消费者认同的过程。

市场定位的实质在于取得目标市场的竞争优势，确定产品在目标消费者心目中的特殊地位，并为其留下值得购买的深刻印象，以吸引更多的消费者。

任务实施

活动一　把握市场定位的步骤

市场定位的关键是企业要设法在自己的产品上找出比竞争者更具优势的特性。市场定位可以通过找位、选位、到位 3 个步骤来实现，如图3-6 所示。

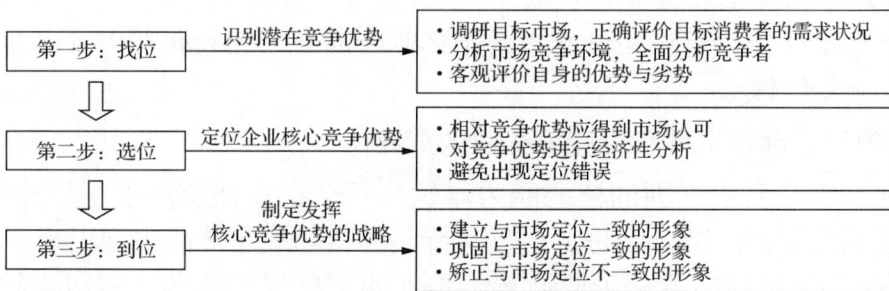

图3-6　市场定位的步骤

1. 找位：识别潜在竞争优势

识别潜在竞争优势是市场定位的基础。企业的竞争优势一般表现在两个方面，即成本优势和产品差别化优势。成本优势是企业能以较低的价格销售与竞品相同质量的产品，或者以相同的价格水平销售更高质量的产品；产品差别化优势是指产品独具特色的功能和利益点与目标消费者的需求相适应的优势。

"找位"的中心任务包括以下 3 个方面。

- 调研目标市场，正确评价目标消费者的需求状况。企业通过市场调研，了解并掌握目标消费者的需求与欲望得到满足的程度。
- 分析市场竞争环境，全面分析竞争者。分析竞争者的市场定位及产品定位等，了解竞争者及竞争者产品的特点及相关信息。

- 客观评价自身的优势与劣势。企业通过调研，结合自身特点，分析、研究与竞争者差异化的优势，如产品的价格、质量、功能、品种、规格、外观等方面。

2. 选位：定位企业核心竞争优势

企业核心竞争优势是指与主要竞争者相比，企业在产品开发、服务质量、销售渠道、品牌知名度等方面具有的可获取明显差别利益的优势。企业应把全部营销活动分类，并将主要环节与竞争者的相应环节进行比较分析，以确定核心竞争优势。

竞争优势表明企业能够胜过竞争者的能力，这种能力可以是现有的，也可以是潜在的。选择竞争优势实际上就是企业与竞争者各方面实力相比较的过程，比较的指标应是一个完整的体系，只有这样才能准确地选出企业具备的核心竞争优势。

"选位"的主要任务涉及以下3个方面。

- 相对竞争优势应得到市场认可。企业相对竞争者的优势应得到目标消费者的认可，如服务质量、销售渠道等。
- 对竞争优势进行经济性分析。将企业营销活动与竞争者的相应环节进行对比，确定企业核心竞争优势。
- 避免出现定位错误。现有的竞争优势和潜在的竞争优势都要精准，避免出现定位错误。

3. 到位：制定发挥核心竞争优势的战略

企业在市场营销方面的核心能力与优势不会自动在市场上得到充分表现，企业必须制定明确的市场战略，通过实行某种市场战略才能表现出来。

"到位"的主要任务是企业通过一系列的宣传促销活动，将自身独特的竞争优势准确地传递给潜在消费者，并在消费者心目中留下深刻印象。该任务能否成功，取决于它是否与目标消费者的需求和追求的利益相吻合。

"到位"的关键任务包括以下3个方面。

- **建立与市场定位一致的形象。**企业应使目标消费者了解、熟悉、认同、喜欢和偏爱本企业的市场定位，在消费者心目中建立与该定位相一致的形象。
- **巩固与市场定位一致的形象。**企业通过各种努力强化目标消费者形象，保持对目标消费者的了解，通过稳定目标消费者的态度和加深目标消费者的感情，以巩固与市场相一致的形象。
- **矫正与市场定位不一致的形象。**企业应密切注意目标消费者对本企业市场定位理解上出现的偏差，或由于企业市场定位宣传上的失误而造成的目标消费者模糊、混乱和误会，及时纠正与市场定位不一致的形象。

做好市场定位是企业市场营销成功的关键。无论是推广品牌还是销售产品，企业不能单纯依靠一腔热血和满腔热忱，也不能单纯凭借品牌营销人员的创意策划，而要上升到战略层面，做好市场定位，在激烈竞争的红海中寻找到一片蓝海。想要做好市场定位，需牢记这句话："人无我有，人有我优，与其更好，不如不同。"任何领域要想做好市场定位，就必须体现出差异化，这样后期发展将受益无穷。

活动二　明确市场定位的内容

市场定位的内容按不同的层次可以分为产品定位、品牌定位及企业定位，如表3-6所示。

表3-6　市场定位的内容

定位内容	说明
产品定位	产品定位是将某个具体的产品塑造成某种特定形象，定位于消费者心中，让消费者一旦产生类似需求就会联想到该产品，例如，"农夫山泉有点甜""百雀羚草本护肤，天然不刺激"
品牌定位	品牌定位不同于产品定位，它是着眼于为所有产品的共同品牌打造一种深入人心的专属品牌形象，使消费者有某种产品需求时首先想到该品牌。
企业定位	企业定位是最高层次的定位，是指企业打造一个整体的形象，运用独特的产品、独特的企业文化、企业的杰出人物等树立良好形象，形成企业魅力。企业定位可以从市场地位战略上进行定位，如市场领导者、市场挑战者、市场补缺者等形象。例如，消费者购买空调时会想到"格力"，格力空调的广告语"好空调，格力造"明确了市场领导者的定位

活动三　确定市场定位的依据

这里讲的市场定位主要指产品定位，可以从产品的属性、功能、利益、质量—价格、使用者和竞争等方面进行考虑，进而形成产品的独特定位。

1. 属性定位

属性定位是指企业根据产品的有关特性来定位，包括原料、技术、配方、设备、产品的功能及产地、历史等因素。例如，北京烤鸭、西湖醋鱼按产地来定位；格力空调"掌握核心科技"，以技术来定位。

2. 功能定位

任何产品必然承载一定的功能，适用于一定的场合。企业应充分发掘产品的功能属性，将其通过广告传递给消费者，使消费者在需要使用这种功能时便联想到该产品，如红牛"补充能量"的功能定位、海飞丝"去屑"的功能定位等。

3. 利益定位

利益定位是指企业的产品除了自身功能可以满足消费者的需求外，还能给消费者带来附加价值。利益定位强调的是使用者的利益而不是具体的产品特征。例如，"立白洗洁精，呵护全家健康"。

4. 质量—价格定位

质量—价格定位是指结合产品的质量和价格进行定位的方法。一是强调质价相符，例如，大品牌奢侈品定位"高质高价"；二是强调质高价低，例如，一些方便面厂商提出的"加量不加价"等。

5. 使用者定位

使用者定位是指企业根据产品的不同使用者来定位，按照这些使用者的看法塑造恰当的形象，例如，奇瑞QQ定位于"年轻人的第一辆车"。

6. 竞争定位

企业还可以根据与竞争者的关系进行定位。例如，以竞争者的品牌为参照物，借其品牌之光使自己的品牌生辉，如七喜的"非可乐"定位。

👤 活动四 选择市场定位的策略

市场定位策略是一种竞争策略，显示了一种产品或一家企业同类似的产品或企业之间的竞争关系。市场定位策略主要有以下几种。

1. 避强定位策略

避强定位策略是指企业避免与实力强劲的其他企业直接竞争，而将自己的产品定位于另一市场区域内，使自己的产品在某些特征或属性方面与强劲的竞争对手有比较显著的区别。

避强定位策略的优点是能够有效避开竞争者的关注，迅速在市场上站稳脚跟，并在消费者心目中树立企业形象，其经营风险小，成功率高；缺点是企业必须放弃某个最佳的市场位置，可能导致企业处于较差的市场位置。

2. 迎头定位策略

迎头定位策略指企业根据自身实力，为占据较佳的市场位置，不惜与市场上占支配地位的实力强劲的竞争对手正面竞争，使自己的产品进入与竞争者相同的市场位置，形成与竞争者并存或对峙的策略。迎头定位策略往往发生在市场主导者之间，如可口可乐与百事可乐、中国移动与中国联通等。

迎头定位策略的优点是在竞争过程中比较惹人注目，甚至产生轰动效应，企业及其产品能够快速被消费者熟悉了解，易于达到树立企业形象的目的；缺点是与实力强劲的竞争者抗衡存在很大的风险。

企业采用迎头定位策略一般需要具备以下条件。

- 企业的产品必须有明显的亮点和优势，与竞品相比独具特色。

- 企业有足够的资源与实力，能够承担竞争带来的各种结果。
- 市场容量足够大，完全可以吸纳两个竞争者的产品。如果市场容量太小，可能会得不偿失。

3. 重新定位策略

重新定位策略是指企业对产品在原有定位的基础上进行二次定位。市场的变化、消费者需求的变化、竞争的加剧及企业的竞争优势改变等因素会导致企业的市场定位出现偏离，这时企业就会考虑重新定位，改变目标消费者对产品原有的印象，使其对产品有一个新印象。

重新定位是以退为进的一种策略，目的是实施更有效的市场定位。重新定位往往是企业摆脱经营困境、寻求新活力的有效途径。此外，企业如果发现新的产品市场范围，也可以重新进行市场定位。例如，原来专为青年人设计的某种款式的服装，在中老年消费群体中也变得流行，该服装企业可据此进行重新定位。

4. 创新定位策略

创新定位策略是指企业寻找新的尚未被开发占领但有潜在市场需求的位置，为填补市场空缺而生产市场上没有的、具备某种特色的产品的策略。因此，这种策略又称填补空缺式定位策略。

采用这种定位策略时，企业应明确产品在技术或经济上是否可行，市场容量是否充足，能否为企业带来合理而持续的盈利。企业采用创新定位策略，要力争使自己的产品品牌第一个进入消费者心智，抢占市场第一的位置，这样能够让消费者的印象更加深刻，有利于提高市场占有率。

例如，金龙鱼食用油推出调和油概念，将花生油、菜籽油和色拉油混合后推向市场，开发了新的品牌定位，"1∶1∶1，营养均衡，更佳营养配方"，通过全方位广告营销强化这一认知，最终在这一领域占据主导地位。

> 🛍 **学以致用**
>
> 请同学们选择一家知名服装企业，从网上搜集相关的资料，并分析该企业的市场细分、目标市场及市场定位，了解并学习该企业是如何确定目标市场的。

> 📖 **经验之谈**
>
> 市场定位可以理解为设计企业产品和品牌形象的行为过程，以使企业明确在目标市场中相对于竞争者的位置。企业在进行市场定位时，要通过反复比较和调查研究，找出最合理的突破口，避免出现定位混乱、定位过度、定位过宽或定位过窄等情况。而一旦确立了理想的定位，企业必须通过一致的表现与沟通来维持并强化此定位，并经常监测，以随时适应目标消费群体和竞争者策略的变化。

📖 **案例链接**

长城汽车定位"纠偏"，全力进军新能源

长城汽车（见图3-7）是我国规模较大的民营汽车制造企业，旗下的风骏皮卡、哈弗运动型多功能汽车（Sport Utility Vehicle，SUV）、腾翼轿车均成为相应细分市场的领导者。

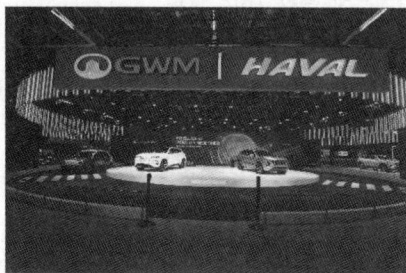

图3-7　长城汽车

长城汽车在创立之初主要是从事汽车零部件制造的，1985年才开始进入整车制造领域。20世纪90年代，长城汽车聚焦皮卡，创立"风骏"品牌作为旗下专业做皮卡的子品牌，成为全球三大皮卡品牌之一。品牌的聚焦使得风骏皮卡在消费者心中占据了一个特殊的心理位置，当人们看到皮卡时就会想到风骏。

单一的产品线难以满足企业发展壮大的需求，2000年后，长城汽车开始尝试进入新的领域。在找准经济型SUV的市场空白后，长城汽车推出了"赛弗"系列产品探路，在销路打开并有了一定的知名度后创立了聚焦经济型SUV的品牌——哈弗。同样是对品类、对市场、对消费者的聚焦，使哈弗成为国产SUV的领导者。

2016年之后，长城汽车进入多品牌时期。目前长城汽车旗下已拥有欧拉、WEY（魏牌）、长城皮卡、哈弗SUV等品牌，每个品牌都有自己专注的领域。

但是，随着新能源的发展，新能源汽车的新品牌、子品牌越来越多，汽车市场竞争越来越激烈。据统计，2022年长城汽车总销量出现了明显下滑。公司负责人曾表示"长城汽车只做新能源的追随者"，因此未在新能源技术上做全面布局，以致失去了抢占市场的先机。

长城汽车过去的成功是依靠细分领域的王牌车型实现的，在2018年，长城汽车基于以往的经验，瞄准细分市场，推出纯电品牌欧拉，定位女性市场，虽然销量也还不错，但未给公司带来更多的利润。

长城汽车逐渐落后于同行，相关负责人终于意识到问题，开始进行定位"纠偏"。2023年，长城汽车计划进一步发力新能源，预计推出超10款新能源车型。长城汽车重新调整市场定位，将车型全面新能源化，哈弗、欧拉、坦克、皮卡都要新能源，品类品牌都要进行全新调整。

在新能源战略背后，长城汽车还有名为"森林生态"的"秘密武器"。具体来说，长城汽车将整车作为核心，同时布局新能源、智能化相关领域，掌握核心技术，打造完整的产业闭环，形成一片可持续进化的"森林"。

目前，长城汽车已构建了"光伏＋分布式储能＋集中式储能"的能源体系，完成"太阳能—电池—氢能—车用动力"的全价值链布局。在"森林生态"的技术支持下，长城汽车得以迅速地融入新能源时代。

智慧锦囊：长城汽车的风骏皮卡、哈弗SUV的市场定位采用了迎头定位策略，打响品牌战，打开知名度，市场营销获得很大成功，但是电动品牌欧拉定位女性市场未能给公司带来更大收益，于是公司调整定位，采用重新定位策略，进行新能源全新定位，调整各品类品牌，得以提高长城汽车未来发展的稳定性。

温故知新

一、填空题

1. 企业按消费者所处的地理位置、自然环境来细分市场的标准是_____。
2. 无差异性市场策略的优势是_____。
3. 企业只选取一个细分市场，只生产一种标准化产品，只为某一客户群体服务的目标市场覆盖模式称为_____。
4. "海澜之家，男人的衣柜"体现了企业依据_____定位来确定目标市场。
5. _____往往是企业摆脱经营困境、寻求新活力的有效途径。

二、选择题

1. （　　）是根据影响消费者需求的某一重要因素对市场进行细分的方法。
　　A. 系列因素细分法　　　　　　B. 单一因素细分法
　　C. 综合因素细分法　　　　　　D. 完全细分法
2. 把消费者市场分成婴儿、儿童、少年、青年、中年、老年市场时使用的市场细分标准是（　　）。
　　A. 地理因素　　B. 心理因素　　C. 人口因素　　D. 行为因素
3. 确定目标市场的基础与前提是（　　）。
　　A. 市场定位　　B. 市场调研　　C. 营销组合　　D. 市场细分
4. 某制鞋厂只生产布鞋，包括童鞋、男鞋、女鞋、老年鞋，这种目标市场覆盖模式为（　　）。
　　A. 集中单一型　　　　　　　　B. 市场专业型
　　C. 产品专业型　　　　　　　　D. 选择专业型

5. 市场细分是根据（　　　）需求差异对市场进行的划分。

A. 消费者　　　　B. 卖方　　　　C. 中间商　　　　D. 经销商

三、判断题

1. 市场细分的实质是细分产品，而不是细分消费者。（　　　）
2. 差异性市场策略比较适用于资源有限的中小企业。（　　　）
3. 在同类产品市场上，同一细分市场的消费者需求具有较多的共性。（　　　）
4. 市场定位就是确定目标市场的地理位置。（　　　）
5. 如果企业的产品在消费者需求上共性较少，则企业应采取无差异性市场策略。（　　　）

四、简答题

1. 简述市场细分的步骤。
2. 企业对目标市场的覆盖模式有哪几种？
3. 简述市场定位的步骤。
4. 简述市场定位的策略。

融会贯通

请同学们自由分组，4 人一组，完成以下任务。

（1）任选两种日常生活用品，如洗漱用品、护肤品、服饰等，并阐述此产品适合用哪些因素来进行市场细分，至少写出两种标准。

（2）假设你是某产品的市场营销经理，针对你所经营的产品，分析研究目标消费者，找准目标市场，明确市场定位策略。

（3）各小组由组长汇总组员的完成情况，整理成 PPT 的形式，对全班同学进行展示讲解。

（4）完成任务后，填写表 3-7。

表3-7　市场细分和市场定位的训练评价

评价方式	市场细分（3分）	市场定位（3分）	组内讨论（2分）	语言表达（1分）	举止礼仪（1分）	总分（10分）
自我评价						
小组评价						
教师评价						

项目四
制定产品营销策略

李老师告诉小艾，产品营销可以说是市场营销的最终阶段，同时也是最重要的阶段。企业的一切前期工作都是为产品在市场上畅销做准备的。

李老师说："要想做好产品营销，营销者必须明确产品营销策略。首先，要了解新产品开发，认识产品组合、产品生命周期、产品包装、品牌等，并知道如何制定相关策略；其次，能够运用合理的定价策略、适宜的分销渠道把产品推向市场，呈现在消费者面前；最后，为达到企业的预期销售目标，能够开展各种促销活动，如人员推销、广告促销、营业推广及公共关系促销等，提高品牌的知名度，增加产品的销量。"

李老师还引导小艾，在此阶段要注重培养自身的独立思考和协作能力，勇于创新，大胆尝试，开发新产品，并注意遵守职业道德，合理定价，诚信经营，以各种促销活动吸引消费者的注意，引导消费者产生购买行为。

学习目标

知识目标
1. 了解新产品的开发方式和开发程序。
2. 了解产品组合策略、产品生命周期策略、产品包装策略和品牌策略。
3. 掌握产品定价方法和产品定价策略。
4. 掌握设计分销渠道的步骤和管理分销渠道的方法。
5. 了解各种产品促销活动的形式。

技能目标
1. 能够制定产品组合策略、产品生命周期策略、产品包装策略和品牌策略。
2. 能够确定产品定价策略，调整产品价格策略。
3. 能够合理设计和管理分销渠道。
4. 能够有针对性地开展各种形式的产品促销活动。

素养目标
1. 树立品牌意识，深入理解"中国品牌"的内涵，增强民族自信心与自豪感。
2. 培养创新意识和开拓精神，敢于提出设计新产品、新包装、新品牌的设想。

任务一 制定产品策略

任务描述

　　小艾以前总认为产品就是有形的物品。李老师告诉她，那是对产品的狭义理解。现代市场营销学认为，产品是指能够提供给市场，被人们使用和消费，并能够满足人们某种需要的有形物质和无形物质的总称，包括实物、服务、场所、人员、组织、思想、观念等。产品是市场营销组合中首要和基本的因素。

　　企业制定产品策略需要考虑开发新产品，制定产品组合策略、产品生命周期策略、产品包装策略及品牌策略。

任务实施

活动一 开发新产品

　　随着科学技术的发展，消费者的需求趋于多元化，企业只有不断开发新产品才能适应消费者需求的变化。市场竞争越来越激烈，企业只有不断创新，开发新产品，才能增强企业活力，保持竞争优势。产品都存在一定的生命周期，企业只有不断开发新产品，才能保证企业利润的稳定增长。总之，新产品的开发对于企业来说具有非同寻常的意义。

1. 新产品的类型

市场营销学认为，只要产品在功能或形态上发生改变，与原来的产品产生差异，或者给消费者提供新的利益或新的效用，就可以视为新产品。基于新产品的含义，新产品可以分为以下几种类型，如表4-1所示。

表4-1 新产品的类型

新产品类型	说明
全新型新产品	全新型新产品是指应用新原理、新技术、新材料、新工艺等研制出来的前所未有的产品，是科学技术应用于生产领域而得到的新成果，如汽车、计算机、手机等产品的出现
换代型新产品	换代型新产品是指在原有产品基础上部分采用新技术、新材料制成的，性能、结构等方面显著高于原有产品，适合新用途、新需要的新产品。例如，黑白电视机到彩色电视机，再到数字电视机，后者对于前者而言就属于换代型新产品
改进型新产品	改进型新产品是指在原有产品的基础上进行改进，使产品在结构、功能、品质、花色、款式及包装上具有新的特点和新的突破的产品。例如，增加内外自身清洁功能的改进型新空调，增加除霜装置的新款冰箱等
仿制型新产品	仿制型新产品是指以市场上已有的产品为基础，企业经过仿制、改进生产并初次投入市场的新产品。企业开发此类新产品不需要太多的资金和尖端的技术
重新定位型新产品	企业的原有产品进入新市场而被称为市场上的新产品，例如，企业对原有产品进行重新定位，或通过降低成本生产同等性能的产品，该产品被称为重新定位型新产品

2. 新产品开发方式

企业需结合自身研发能力，合理选择新产品的开发方式。新产品开发方式主要有4种，如表4-2所示。

表4-2 新产品开发方式

新产品开发方式	说明
独创方式	独创方式是指企业自行设计和研制开发新产品。这种方式要求企业有较强的研发能力和雄厚的资金支持
技术引进	技术引进是指利用国内外市场上已成熟的技术开发新产品。这种方式能够节省研制费用，赢得时间，缩短与其他企业的差距，是新产品开发的快捷途径

新产品开发方式	说明
改进方式	改进方式是指企业以现有产品为基础，根据消费者的需要采取改变性能、变换形式或扩大用途等措施来开发新产品。这种方式可依靠企业的现有设备和技术力量，开发费用低，成功的可能性高，但长期使用会影响企业的发展速度
联合开发	联合开发是指本企业与其他企业通过技术交流、协作、合作等方式，充分发挥各自的优势来研发新产品。这种方式有利于产品的创新发展

3. 新产品开发程序

企业开发新产品通常按一定的程序进行。新产品开发程序一般可分为 6 个阶段，如图 4-1 所示。

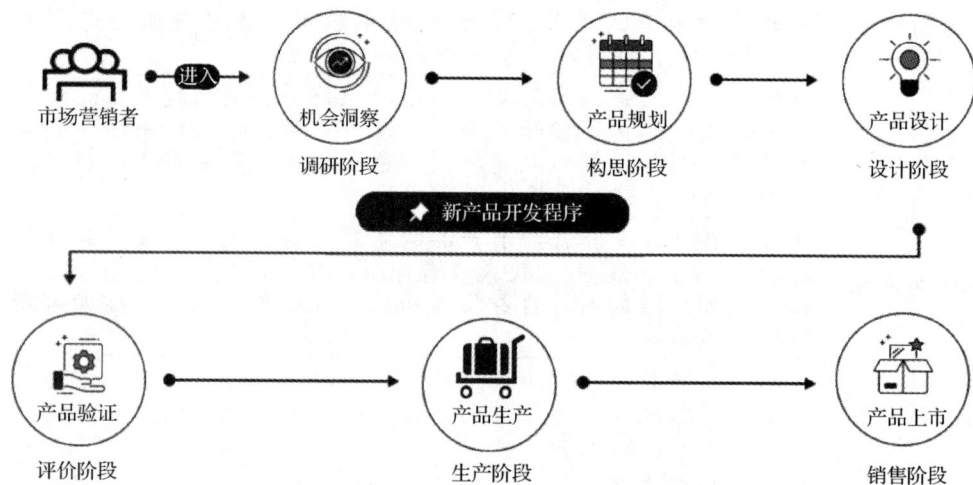

图4-1 新产品开发程序

（1）调研阶段

消费者需求是新产品开发选择决策的主要依据，为此企业必须做好市场调研。调研阶段的任务主要是提出新产品构思以及新产品的原理、结构、功能、材料和工艺方面的开发设想和总体方案。

（2）构思阶段

新产品开发是一种创新活动，产品创意是开发新产品的关键。在此阶段，企业的主要任务是广泛收集新产品的创意，并根据市场调研掌握的市场需求情况及企业自身条件，充分考虑消费者的使用需求和竞争者的动向，有针对性地提出开发新产品的构思与设想。

（3）设计阶段

新产品设计是指从确定产品设计任务书到确定产品结构的一系列技术工

作，是新产品开发的重要环节，是新产品生产过程的开始。

（4）评价阶段

确定设计方案后，企业需要对新产品的销售额、成本和利润等进行评估，预计该产品能否达到企业的经营目标。

（5）生产阶段

从技术、经济、商业等方面对新产品进行综合评价，得出全面定型结论后，企业才能将新产品投入正式生产。在这个阶段，企业要做好生产计划、劳动组织、物资供应、设备管理等一系列工作。

（6）销售阶段

完成生产后，新产品面临产品上市销售、宣传、促销活动设计、批量生产等一系列环节。在此阶段，企业要安排新产品上市日程，确定促销宣传方式、产品价格、销售渠道等，确保新产品投入市场的成功率达到预期标准。另外，企业要随时监测新产品上市后的销量、铺货、价格等关键指标，如果发现问题，及时纠偏，改进产品及其营销计划。

💡 知识窗

企业在开发新产品时，需要把握新产品的开发方向。

- **新颖性**：新产品要新颖有创意，具有自己的特色，这样才能吸引消费者的注意。
- **多样性**：单调的产品会影响销量，具有不同规格、不同形式的产品更能激发消费者的兴趣。例如，餐厅自助餐具备多样性，有烧烤类、火锅类、甜点类等。
- **便携性**：在保障产品质量的前提下，产品的体积越小、重量越轻，越容易受到消费者的喜爱。例如，笔记本电脑与台式计算机相比体积很小，重量较轻，方便携带，可以随时随地办公。
- **简易性**：产品的结构、使用方法越简单易懂，越容易受到消费者的青睐。例如，全自动洗衣机可一键完成洗衣、漂洗、脱水。

💡 知识窗

👤 活动二　制定产品组合策略

产品组合是指企业在一定时期内生产经营的各种不同产品、产品项目的组合，也就是企业的业务经营范围。产品组合通常由若干条产品线组成。产品线是指在结构、功能上密切相关，能满足消费者需求的一组产品。产品项目是指产品线中各种不同品种、规格、型号、质量、价格的特定产品。

影响产品组合的四要素为产品组合的宽度、长度、深度和关联度。

- 产品组合的宽度是指企业所拥有的产品线的多少，多则为宽，少则为窄。
- 产品组合的长度是指企业所有产品线中产品项目的总和，平均长度等于总长度除以产品线数。
- 产品组合的深度是指企业每条产品线中的产品项目的数量。
- 产品组合的关联度是指各条产品线在最终使用、生产条件、分销渠道或其他方面相关联的程度。

企业的产品组合策略是指企业根据市场状况、竞争情况和自身资源条件对产品组合的宽度、长度、深度和关联度进行不同的组合，调整产品结构，保持产品结构最优化的策略。

产品组合策略主要有以下几种。

1. 扩大产品组合策略

扩大产品组合策略即扩展产品组合中现有的产品线和产品项目数量，扩大生产经营范围。当企业现有的产品系列销量和利润下降时，可以考虑扩大产品组合的宽度和深度。具体方式如下。

- 维持原产品品质和价格的前提下，增加同一产品的规格、型号和款式。
- 增加不同品质和不同价格的同一种产品。
- 增加与原产品相类似的产品。
- 增加与原产品毫不相关的产品。

扩大产品组合策略不仅可以满足不同偏好的消费者多方面的需求，提高产品的市场占有率，还能充分利用企业资源和剩余生产能力，提高经济效益，扩大经营规模，在企业遭遇竞争时，能够减少市场需求变化带来的负面影响，降低损失程度。

2. 缩减产品组合策略

缩减产品组合策略是指企业降低产品组合现有的产品线和产品项目数量，取消获利很少的产品，集中力量与优势生产和经营能够为企业带来较多利润的产品线和产品项目。

缩减产品组合策略不仅有利于企业集中优势资源和技术力量，实现生产经营专业化，提高产品品质，还能降低企业生产成本，提高生产效率，在一定程度上提高品牌的知名度。

3. 产品线延伸策略

产品线延伸策略是指企业在现有产品线的基础上，通过增加高档或低档的产品项目，突破原有经营档次的范围，改变原有产品的市场定位，扩大产品经营。

产品线延伸策略分为向上延伸策略、双向延伸策略和向下延伸策略，如图 4-2 所示。

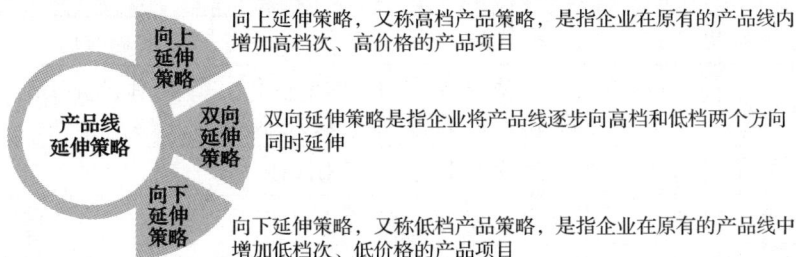

产品线延伸策略	向上延伸策略	向上延伸策略，又称高档产品策略，是指企业在原有的产品线内增加高档次、高价格的产品项目
	双向延伸策略	双向延伸策略是指企业将产品线逐步向高档和低档两个方向同时延伸
	向下延伸策略	向下延伸策略，又称低档产品策略，是指企业在原有的产品线中增加低档次、低价格的产品项目

图4-2 产品线延伸策略

📖 **案例链接**

宝洁公司——产品组合策略的典范企业

宝洁公司始创于 1837 年，是世界上最大的日用消费品公司之一。公司最初以生产、销售肥皂和蜡烛起家。经过几个阶段的发展，如今公司产品覆盖护肤美容、卫生保健、织物护理、家庭护理以及婴儿护理等细分市场。公司拥有众多深受消费者信赖的优质、领先品牌，包括帮宝适、汰渍、碧浪、护舒宝、潘婷、飘柔、海飞丝、佳洁士、舒肤佳、玉兰油、吉列等，如图 4-3 所示。

图4-3 宝洁公司产品品牌

宝洁公司的产品策略无疑是优秀的，它既符合市场发展规律，又符合消费者多样化的需求。宝洁公司的产品生产经营有两大特点。

一是产品组合丰富，如表 4-3 所示。产品线数量多，包括洗发护发用品、个人清洁用品、护肤美容用品、口腔护理用品、女性和婴儿用品、织物和家居护理用品、食品、药品等诸多类别的产品。各产品线下的产品项目种类繁多。

表4-3　宝洁公司产品组合

产品线	产品项目
洗发护发用品	飘柔、潘婷、海飞丝、沙宣、伊卡璐
个人清洁用品	舒肤佳香皂、玉兰油香皂、舒肤佳沐浴露、玉兰油沐浴乳、激爽香皂、激爽沐浴露
护肤美容用品	玉兰油护肤系列、SK-II
口腔护理用品	佳洁士牙膏、佳洁士牙刷
女性和婴儿用品	护舒宝卫生巾、丹碧丝卫生棉条、帮宝适纸尿裤
织物和家居护理用品	碧浪、汰渍
食品	咖啡、橙汁、烘焙油、蛋糕粉、薯片等
药品	感冒药、胃药等

二是在同一类产品线上推出多个不同的品牌，采用产品线延伸策略，覆盖不同的产品档次。例如，洗发水品牌包括飘柔、潘婷、海飞丝等，同一品牌按其功能价格等又分为不同的产品类型。

宝洁公司的成功主要是采用了产品组合营销策略。从产品策略方面来讲，宝洁公司主要经历了几个阶段。

第一阶段：肥皂、蜡烛起家。

第二阶段：创新与发展。公司开发新产品，如生产销售30多种不同类型的肥皂。

第三阶段：公司采用扩大产品组合策略，拓展新领域，从肥皂发展到洗衣液、牙膏、柔顺剂等，从开发第一支含氟佳洁士牙膏之后不断开辟新的产品领域，如洗发护发领域，生产经营从护扶美容用品到健康护理用品等。产品覆盖范围越来越广泛，市场细分领域越来越多，涵盖多个产品类别。经过不断发展，产品组合具有了一定的宽度和深度，以洗发水为例，5个品牌覆盖了不同年龄段、不同消费水平的人群，主打的卖点相互补充，这种高/低档产品线延伸策略能够迅速为企业寻求新的市场机会，还降低了使用单一产品组合策略的风险。

第四阶段：精简品牌，精细运营。随着产品市场覆盖面越来越广，各方面的费用也持续增加，为了更好地发展，公司提出精简品牌数量，最后从原来200多个品牌减少至65个。

目前，宝洁全球所经营的65个领先品牌在多个国家和地区畅销，每天为全球50亿的消费者服务。宝洁公司的远景目标是成为并被公认为提供世界一流消费品和服务的公司。

> **智慧锦囊**：宝洁公司的产品组合战略的成功取决于公司的强大实力、缜密的调研，以及准确的定位、恰当的组合与所有品牌的内在一致性。在宝洁公司的发展过程中，经营者根据实际情况分别采用了扩大产品组合策略、缩减产品组合策略和产品线延伸策略。市场是优胜劣汰的，多品牌差异化产品组合战略让宝洁公司持久地占领着市场。

学以致用

卡夫食品是引领全球的品牌食品和饮料制造商，是全球第二大食品公司，在全球很多国家开展业务。卡夫公司的四大核心产品系列为咖啡、糖果、乳制品及饮料。请同学们查阅相关资料，分析卡夫食品的产品线、产品项目及产品组合类型，调查卡夫在发展过程中曾采用的产品组合策略，并分析这些策略对其发展有何影响。

活动三 制定产品生命周期策略

产品生命周期是指一种新产品从开始进入市场到被市场淘汰退出市场的整个过程。产品生命周期一般包括 4 个阶段，分别为引入期、成长期、成熟期和衰退期。企业在产品经营过程中，通常会根据产品处于不同的生命周期制定相应的营销策略。

1. 引入期

引入期是指新产品研制成功并投入市场试销的阶段。这一阶段的特点是消费者对产品还不了解，实际购买者较少，产品生产批量小，制造成本高，广告费用大，产品销售价格偏高，销量有限，企业在此阶段通常不能获利。

企业在此阶段的营销重点就是尽快使产品被消费者接受，缩短产品的市场投放时间，尽快占领市场，使其向成长期过渡。企业在此阶段一般会选择以下营销策略。

（1）快速取脂策略

快速取脂策略，又称高价高促销策略，是指以高价、高促销费用推出新产品。该策略可以帮助企业快速建立产品知名度，占领市场，使企业在每单位销售额中获取最大利润，尽快收回投资。

（2）缓慢取脂策略

缓慢取脂策略，又称高价低促销策略，是指以高价、低促销费用推出新产品，目的是以尽可能少的费用开支求得更多的利润。

（3）快速渗透策略

快速渗透策略，又称低价高促销策略，是指以低价、高促销费用推出新产品。实行该策略的目的在于先发制人，以最快的速度打入市场，取得尽可能高的市场占有率，再随着销量和产量的提高降低单位成本，取得规模效益。

（4）缓慢渗透策略

缓慢渗透策略，又称低价低促销策略，是指以低价、低促销费用推出新产品。该策略可以扩大销售，降低营销成本，增加利润。

2. 成长期

当产品在引入期的销售取得成功之后，便进入成长期。这一阶段的特点是消费者对产品已经熟悉，大量的消费者开始购买该产品，产品需求量和销售额迅速增加，生产成本大幅度下降，企业利润迅速增长，竞争对手开始出现。

此阶段企业可以采取以下营销策略。

- 提高产品质量，增加产品的新特色。
- 适当降低价格，以增强竞争力。
- 增加经销店和销售渠道，扩大产品销售面。
- 改变促销重点，从建立产品知名度转移到提高消费者的购买转化率。

3. 成熟期

经过成长期之后，随着购买产品的消费者增多，市场需求趋于饱和，产品便进入成熟期。此阶段的特点是产品的销量、利润额达到顶峰，销售增长速度缓慢或呈现稳定状态，产品成本降到最低程度，市场进入饱和状态，竞争最为激烈。

在产品的成熟期，企业会采取各种措施，尽可能延长产品生命周期。此阶段的营销策略主要有以下几种。

（1）市场改革策略

市场改革策略是指企业努力开发新市场，来保持和扩大自己的产品市场份额。企业可以采取两种方法：一是进行市场细分，开发产品的新用途，重新进行产品定位，寻找新客户；二是通过宣传推广，提高现有消费者的购买量。

（2）产品改良策略

产品改良策略是指企业通过改良产品来增加产品销量。例如，改良产品品质，增加产品功能，增加产品的新特性，改良式样，提升产品外观或包装的美观度。

（3）营销组合调整策略

营销组合调整策略是指企业通过调整营销组合中的某一因素或多个因素（如定价、渠道、促销组合等）来刺激销售，增加产品销量，常用的方法有通过降价增强产品竞争力，通过改变广告方式来引起消费者的兴趣，采用捆绑销售、附赠礼品等多种促销方式促进销售等。

4.衰退期

随着科技的发展，新产品和替代品的出现以及消费者消费习惯的改变，产品的销量和利润持续下降，产品便进入衰退期。此阶段的特点是产品过时，不再适应市场需求；产品销售急剧下降，产品积压；价格下跌，效益不佳；竞争对手纷纷退出市场。

此阶段企业可以采取的营销策略如下。

（1）维持策略

维持策略是指企业在目标市场、价格、销售渠道、促销等方面维持现状。由于一些企业会在衰退期先退出市场，因此对一些有条件的企业来说，销量和利润并不一定会减少。

（2）集中策略

集中策略是指企业缩小经营范围，将能力和资源集中在最有利的细分市场和分销渠道上，从最有利的目标市场和销售渠道上获得较多的利润。

（3）收缩策略

收缩策略是指企业抛弃无希望的消费群体，大幅度降低促销水平，尽量减少促销费用，以增加利润。这样可能导致产品在市场上的衰退加速，但也能从忠实于这种产品的消费者中得到利润。

（4）转移策略

转移策略是指企业停止生产处于衰退期的产品，转移精力发展新产品，以争取获得市场形势的转机。

活动四 制定产品包装策略

产品包装是指用适当材料或容器包封产品并加以装潢和标识，以方便运输、陈列和销售等。产品包装一般包括商标、形状、颜色、图案和材料等包装要素。产品包装的标签上通常印有产品成分、品牌标志、产品质量等级、生产厂家、使用方法、生产日期和保质期等。产品包装具有保护、美化产品，提供便利，指导消费，增加利润等作用。

1.产品包装策划内容

在新产品上市前，企业要对新产品进行系统的包装策划。产品包装策划主要包括以下内容。

（1）包装结构策划

包装结构策划主要是指确定包装的结构、形状和尺寸。策划者不仅要考虑产品的特点，还要考虑消费者在选购、携带、储存、使用过程中的需求。

（2）包装图案策划

包装图案通常由产品图片、产品配料、企业 Logo、代言人等组成。进行图案的合理搭配，要做到突出、创新，吸引消费者注意，同时不能失实，以免引起消费者纠纷。

（3）包装文字策划

文字是包装画面的组成要素之一，主要包括产品名称、广告语、产品介绍、使用说明等内容。包装文字能起到装饰作用，还能达到产品推广、宣传、介绍、说明的目的。包装文字应当力求简洁、鲜明，便于识别和记忆。包装文字可以采用艺术手法来表现，起到美观、醒目的作用，从而达到更好的宣传效果。

（4）包装色彩策划

色彩运用得当，能起到宣传产品、美化产品的作用。包装色彩既要做到创新和独特，同时又要考虑到企业视觉识别系统的颜色，要能与其他宣传物料共同传递企业统一的视觉形象。

📖 **案例链接**

农夫山泉创意包装——品牌成功的基石

在这个视觉营销的时代，相较于语言，视觉往往能更快、更有效地抓住消费者的注意力。可以这样说，包装是产品的生命线，对于产品而言，包装给消费者的第一视觉很关键。在包装上，农夫山泉可谓是玩出了新花样。

（1）动植物系列

农夫山泉将生肖文化注入产品包装设计中，借势生肖 IP 之力唤起人们对新年和传统文化的情感共鸣。2023 年，农夫山泉推出兔年生肖瓶（见图 4-4），限量发行新年金兔瓶，并且延续"只送不卖"的传统，激发消费者的收藏欲望，使矿泉水以新的方式与消费者对话，满足消费者的精神需求。生肖瓶这种具有仪式感的持续性文化输出，有助于企业在消费者的脑海中打造长久的品牌记忆点。

农夫山泉长白雪系列矿泉水瓶采用了东北虎、花栗鼠、秋沙鸭、松雀鹰等长白山野生动物作为图案，并赋予其传统的中国艺术色彩（见图 4-5）。动物身躯处适当留白，呈现出晶莹剔透的透明效果。图案设计巧妙，能让消费者窥见野生动物眼中的长白山，交叠的视角颇有一种人、动物与自然共处的生态哲学韵味。当人们在饮用这瓶水时，不时地能与当地的动物、美景共情。

瓶身图案右下角的红色数字也很有讲究，例如"58"代表了长白山的58种国家重点保护动物，"1588"则指1588种野生动物等。醒目的数字寓意农夫山泉对长白山稀缺资源的珍视，在美学设计中体现农夫山泉的生态文明理念，同时进一步突出了这款矿泉水的珍贵、天然。

除了动物类图案，农夫山泉还选取了长白山的典型植物和天气现象，如山楂海棠、蕨类植物、红松果实和雪花，如图 4-6 所示。

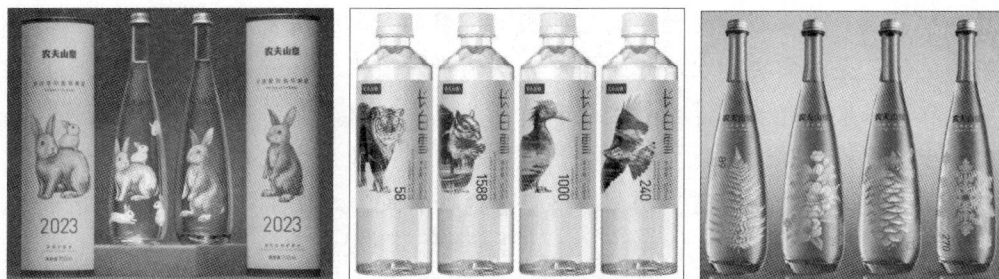

图4-4 农夫山泉兔年生肖瓶　图4-5 长白雪系列矿泉水瓶　图4-6 长白山的植物和雪花

（2）插画系列

农夫山泉针对学生、上班族群体设计了插画瓶，不仅设计了方便打开饮用的瓶口，实现了单手开合，还在包装上以长白山春、夏、秋、冬四季为主题，打造了4种标签图案（见图4-7），图案风格夸张，色彩丰富，充满想象力。笔调疏淡写意的插画配上诗意盎然的简练文字，风格简练，自成一家，备受消费群体的喜爱。

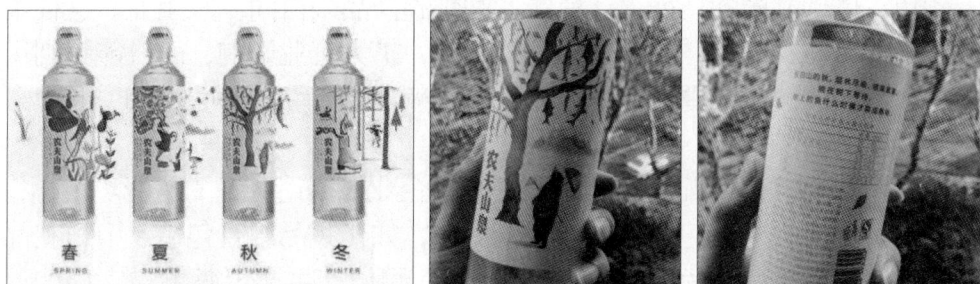

图4-7 农夫山泉插画系列包装

（3）"故宫"系列

农夫山泉是饮用水界的典范，故宫是文创界的典范。当两个大流量的品牌聚在一起，就有了农夫山泉故宫瓶。农夫山泉和故宫IP合作的农夫山泉故宫瓶，如图4-8所示，瓶身主画面沿用了传统色调，以历史人物画像为背景，配上贴合人物历史背景的文案，拉近了与消费者的距离，引发了消费者的情感共鸣，增强了感染力。

图4-8 农夫山泉"故宫"系列包装

智慧锦囊：包装设计是为消费者服务的，目的是增强消费者的体验感，提升产品的附加价值。企业需要站在消费者角度，从消费者使用、喜好等方面考虑策划产品的包装。农夫山泉的包装设计主打文化和情感共鸣，不仅丰富了产品的视觉效果，还在一定程度上传播了传统文化、历史知识，宣传了环保理念，从而极大地提升了农夫山泉这一实体产品的情感价值，切合了消费者内心需求，对提高产品销量颇为有利。

2. 产品包装策略

完善产品包装，美化装潢设计，不仅可以保护消费者的利益，还有利于增进企业与社会的经济效益。随着时代的发展，产品包装设计逐渐成为产品整体设计中的重要决策。

常见的产品包装策略主要有以下几种。

（1）类似包装策略

类似包装策略是指企业生产经营的所有产品在包装外形上都采用相同或相似的图案、颜色，体现共同的特征，让消费者联想起产品来自同一家企业。这种策略不但可以节省包装设计成本，树立企业整体形象，扩大企业影响，而且能够利用企业声誉带动新产品的销售，便于消费者从包装上辨认出产品，从而迅速打开市场。

（2）组合包装策略

组合包装策略，又称配套包装策略，是指企业根据消费者的消费习惯，将多种有关联的产品组合在同一包装容器内成套供应，如化妆品组合包装、节日礼品盒包装等。这种包装便于消费者购买、使用和携带，可以产生连带消费，扩大销售。

（3）等级包装策略

等级包装策略是指企业根据产品本身的市场定位或消费者的心理需求，为不同档次、不同等级的产品分别设计和使用不同的包装，便于消费者根据包装选择产品。这种策略将产品内在质量的差别体现在产品的包装等级上，包装的风格与产品的质量和价格相对应，以满足不同需求层次的消费者，进而扩大销售。例如，茶叶有简装和精装之分，以满足消费者的不同需求。

（4）复用包装策略

复用包装策略，又称再利用包装策略，是指原包装的产品用完后，包装容器可以再利用。例如，各种形状的香水瓶，在香水用完后可作为装饰物。这种策略可让消费者感觉一物多用，从而激发其购买欲望，促进产品销售。另外，带有企业品牌标志的包装物在消费者继续使用过程中也能起到广告宣传的作用，可以作为移动的广告牌，有利于增加消费群体。

（5）附赠品包装策略

附赠品包装策略是指在包装容器内除目标产品外附有赠品，以引起消费者的购买兴趣，扩大产品销售。例如，在儿童用品的包装物中附赠玩具、绘本、诗词卡片等。这种策略能有效提升消费者购物时的满足感，有时还能激发其重复购买的意愿。

（6）改变包装策略

改变包装策略是指企业放弃原有的产品包装，采用新的包装技术、包装材料、包装设计等，对原有产品包装加以改进，以改变产品的原有形象。由于包装技术、包装材料的不断更新，以及消费者偏好的不断变化，采用新包装可以弥补原包装的不足，使之更便于消费者使用，对提升产品形象、扩大销售有一定的促进作用。

📖 学以致用

请同学们讨论在平时购物时是否注重产品包装，对包装设计的体验与感受如何，对于感觉不合理的包装，都有哪些意见与建议。通过讨论了解包装的重要性，梳理产品包装设计的思路。

👤 活动五 制定品牌策略

品牌是指用以识别产品或服务的名称与记号，通常表现为文字、标记、符号、图案和颜色等要素的组合。品牌通常包括品牌名称、品牌标志和商标3个部分，如图4-9所示。

品牌名称：指品牌中可以读出的部分，包括词语、字母、数字等，如华为、小米等

品牌

品牌标志：指品牌中不能发声的部分，如符号、图案或明显的色彩或字体，如华为的八片花瓣造型

商标：指按法定程序向商标注册机构提出申请，并获得审核批准，授予商标使用权的品牌、品牌标志或者各要素的组合

图4-9 品牌的3个组成部分

品牌意味着企业在消费者心中的形象和地位。为了让消费者更加直观、深刻地认识企业及其产品，很多企业会制定品牌策略。品牌策略就是为了让品牌达到一定的价值而制定的一个可以长期实施的战略规划。

在品牌化过程中，企业要注重对消费者心理的引导、激发，打造出与竞争品牌的差异化，建立企业的品牌声望，使企业品牌形象从无到有、从模糊到清晰。

品牌策略包括品牌内容策划、品牌定位策略、品牌营销策略等。

1. 品牌内容策划

品牌内容策划是指将品牌通过有形的、准确的视觉语言表现出来，即品牌视觉识别设计。品牌内容策划要注意品牌名称与品牌标志的完美结合，两者和谐统一才能相得益彰，共同构建品牌视觉形象，如图4-10所示。

图4-10 企业品牌视觉形象示例

品牌内容策划主要包括以下几个方面。

（1）标准字与标准色

根据企业的产品定位、目标客户定位等因素，确定品牌标志的设计风格，继而选择品牌设计的标准字和标准色。

（2）品牌标志

品牌标志有文字标志、图案标志、图文标志等。品牌标志设计要便于消费者识别和记忆，能够简洁地表达品牌身份，增强品牌联想。

（3）品牌文字

品牌文字包含品牌视觉形象中需要体现的品牌名、品牌口号等元素。在品牌设计中，设计者要对文字进行合理排版，使其与其他品牌元素有机结合，和谐统一。

（4）品牌图案

品牌图案是指在品牌的推广与包装中与品牌名称和品牌标志搭配使用的一系列图案。品牌图案需要符合品牌定位，不能为了追求独特而偏离调性。

💡 **知识窗**

企业在进行品牌内容策划时，需要遵循以下原则。

- **以消费者为中心。** 品牌设计的目的是表现品牌形象，只有为消费者所接受和认可的设计才是成功的。企业应以准确的市场定位为前提，以消费者为中心，围绕消费者需求进行品牌策划。
- **美观大方、独特创新。** 品牌设计应具有现代气息，感染力强，能够打造独特的企业文化和个性鲜明的企业形象，带给消费者以美的视觉感受。
- **简洁明了、易懂好记。** 品牌设计应通俗易懂，能够吸引消费者的注意，同时符合消费者的文化背景和接受心理，给消费者留下深刻印象。
- **有助于传递产品信息。** 优质的品牌设计除了美观、新颖外，还应与企业的产品信息密切关联。消费者通过品牌设计能够轻松识别企业产品的特征、品质，甚至能够联想到企业形象和企业实力。

💡 **知识窗**

2. 品牌定位策略

品牌定位策略是指企业在市场定位和产品定位的基础上，对特定的品牌在文化取向及个性差异上所做的商业性决策。企业需要通过设计品牌的特有形象，以确立品牌在市场中的位置。

品牌策略想要有效，品牌定位必须清晰。为了让消费者清晰辨识出企业品牌，企业必须突出品牌特征及品牌的核心价值，围绕品牌定位实施产品研发、设计、包装、宣传推广等战略动作。

品牌定位策略可按照以下步骤来实施。

（1）分析品牌定位的影响因素

企业在进行品牌定位时需要重点考虑社会环境因素、消费者因素、市场因素、竞争者因素和自身产品因素，如图4-11所示。

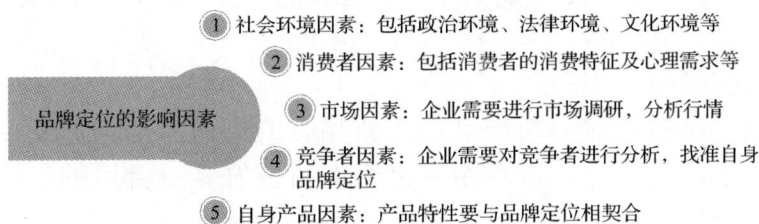

图4-11　品牌定位的影响因素

（2）确定品牌定位

企业应依据对品牌定位影响因素的分析结果确定品牌定位。确定品牌定位是通过提炼品牌的核心价值，找出品牌的内涵，从而塑造出品牌的独特形象。品牌定位可以通过简单的广告语体现出来，如"蒙牛，只为优质生活""农夫山泉有点甜"等。

（3）展示品牌定位

展示品牌定位是指企业通过一系列营销活动将品牌的定位展示给目标消费群体。品牌定位的展示包括广告展示、公共关系展示、人员推销展示等。例如，特仑苏牛奶的广告语"不是所有牛奶都叫特仑苏"，展示出特仑苏牛奶的差异性定位。

3. 品牌营销策略

品牌营销策略主要有5种，如图4-12所示。

（1）产品线扩展策略

产品线扩展策略是指企业现有的产品线使用同一品牌，当增加该产品

图4-12　品牌营销策略

线的产品时，仍沿用原有品牌的一种策略。增加的新产品往往是在现有产品局部改进的基础上形成的，如增加新的功能，改变包装、式样和风格等。

（2）多品牌策略

多品牌策略是指在相同的产品类别中引进多个品牌的策略。一个企业建立品牌组合，实施多品牌策略，往往这种品牌组合的各个品牌形象之间是既有差别又有联系的，各品牌组合的概念蕴含着整体大于个别之和的意义。

（3）品牌延伸策略

品牌延伸策略是指企业利用已有的成功品牌来推出新产品的策略。这种策略可以使企业借助成功品牌的声誉将新产品顺利地推向市场，为企业节约市场推广的费用。品牌延伸策略一方面在新产品上实现了品牌资产的转移，另一方面又以新产品形象延续了品牌寿命。

例如，"康师傅"在方便面的基础上推出纯净水、绿茶、乌龙茶、果汁饮料、八宝粥、饼干等食品产品。

（4）新品牌策略

新品牌策略是指企业为新产品设计新品牌的策略。当企业发现原有的品牌名称不适合新推出的产品，或对新产品来说有更好、更合适的品牌名称时，企业就需要设计新品牌。

（5）合作品牌策略

合作品牌策略是指两个企业的品牌同时出现在一个产品上，这是一种伴随着市场激烈竞争而出现的新型品牌策略，它体现了企业间的相互合作。一种产品同时使用企业合作的品牌是现代市场竞争的结果，也是企业品牌相互扩张的结果。

素养提升

企业无论生产何种产品，都要做到精益求精，质量第一。企业营销者只有始终坚持质量第一、效益优先，大力增强质量意识，视质量为生命，以高质量为追求，才能满足广大消费者的需求，才能推动企业向前发展。

任务二 确定价格策略

任务描述

通过市场调研，小艾深刻地意识到，价格是影响大部分消费者购买的主要因素。因此，企业在确定产品价格时，要做到全面考虑、慎重选择，采用科学合理的价格策略。确定价格策略的关键是将产品价值和价格统一起来，制定既能吸引消费者，又可以确保企业实现预期利润的价格。

任务实施

👤 活动一 选择产品定价方法

企业在进行产品定价时，主要考虑三大因素，即产品成本、市场需求和竞争状况。产品的定价方法就是基于这三大因素的影响而产生的，即成本导向定价法、需求导向定价法和竞争导向定价法。在实际工作中，企业的定价方法有很多，不同的企业采用的定价方法是不同的，就是在同一类定价方法中，不同企业选择的价格计算方法也会有所不同。

1. 成本导向定价法

成本导向定价法是企业以产品成本为主要依据，综合考虑其他因素制定价格的方法。成本导向定价法的通用公式为：价格 = 成本 + 税金 + 利润。成本导向定价法简单易行，应用广泛，但由于它基于预估的产品成本来制定，如果实际生产发生改变，则会直接导致产品成本发生改变，当企业产品的成本高于竞争者时，使用此方法会造成企业产品的竞争力不足。

成本导向定价法的策划流程如图 4-13 所示。

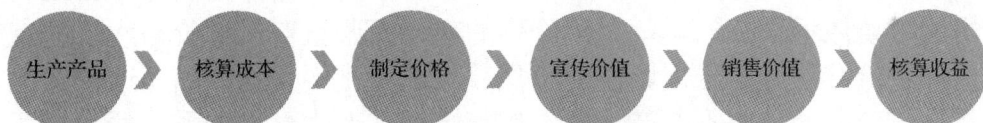

生产产品 ▶ 核算成本 ▶ 制定价格 ▶ 宣传价值 ▶ 销售价值 ▶ 核算收益

图4-13 成本导向定价法的策划流程

成本导向定价法又可细分为成本加成定价法、目标收益定价法、变动成本定价法和盈亏平衡定价法 4 种类型，如表 4-4 所示。

表4-4 成本导向定价法的类型

类型	说明	计算公式
成本加成定价法	成本加成定价法是指在单位产品成本的基础上，加上预期的利润额作为产品的销售价格	单位价格=单位成本×（1+加成率）
目标收益定价法	目标收益定价法是根据企业的投资总额、预期销量和投资回收期等因素来确定价格	单位价格=（成本+目标利润）÷预期销量
变动成本定价法	变动成本定价法是以变动成本为基础的一种定价方法	单位价格=变动成本×（1+利润率）÷产量
盈亏平衡定价法	盈亏平衡定价法是指在销量既定的条件下，企业产品的价格必须达到一定的水平才能做到盈亏平衡、收支相抵。既定的销量就是盈亏平衡点	单位价格=固定成本÷收支平衡销量+单位产品变动成本

2. 需求导向定价法

需求导向定价法是指企业根据市场需求状况和消费者对产品的感知差异来确定产品价格的定价方法。市场营销观念强调企业的一切生产经营行为都要以满足消费者需求为中心，并在产品、价格、渠道和促销等方面予以充分体现。

需求导向定价法又可细分为认知价值定价法、需求差异定价法和逆向定价法 3 种类型，如表 4-5 所示。

表4-5　需求导向定价法的类型

类型	说明
认知价值定价法	认知价值定价法是指企业根据消费者对产品的认知价值制定价格的一种方法。此方法实际上是企业利用市场营销组合中的非价格变数，如质量、服务、广告宣传等，影响消费者对产品的功能、质量、档次等的认知，对此有一个大致的定位，然后进行定价
需求差异定价法	需求差异定价法是指企业以消费者不同的需求特性为依据确定产品价格的定价方法。消费者需求特性主要体现在消费者本身差异、时间差异、位置差异、产品差异等方面。例如，根据位置不同、观看效果不同，对演唱会门票进行差别定价
逆向定价法	逆向定价法是指企业依据消费者能够接受的最终销售价格，考虑中间商的成本及正常利润后，逆向推算出产品最终价格的定价方法

3. 竞争导向定价法

竞争导向定价法是指企业以市场上竞争对手的价格作为制定本企业同类产品价格的主要依据，并随竞争对手价格的变化而调整自己的价格水平的定价方法。这种定价方法适用于市场竞争激烈、供求变化不大的产品。这种定价方法的特点是：产品的价格不与产品成本或市场需求产生直接关系，而是与竞争对手的产品价格变化保持一致。

竞争导向定价法的目标是促使企业在市场上获得一定的优势地位或谋取一定的生存空间。竞争导向定价法又可细分为行情定价法、投标定价法和拍卖定价法，如表 4-6 所示。

表4-6　竞争导向定价法的类型

类型	说明
行情定价法	行情定价法又称随行就市定价法，是使本企业的产品价格与行业内同类产品价格水平保持一致的定价方法。行情定价法是一种较稳妥的定价方法，主要适用于需求弹性较小或供求基本平衡的产品，尤其为中小企业所普遍采用
投标定价法	投标定价法又称密封投标定价法，是指由招标方（买方）公开招标，投标方（卖方）竞争投标，密封定价，招标方择优选取，到期公布中标企业名单，中标企业与招标方签约成交的一种定价方法。一般招标方只有一个，投标方有多个，价格越低，越容易中标。此方法适用于建筑工程、大型设备、政府大宗采购等

续表

类型	说明
拍卖定价法	拍卖定价法是指卖方预先展示所售产品，在一定的时间和地点，按照一定的规则，由买方公开叫价竞购的定价方法。达到最高价格时，卖方会把产品销售给出价最高的买方。拍卖定价法一般用于古董、艺术品、土地等的买卖

学以致用

请根据学到的知识，判断下列情况都采用了哪种产品定价方法，并进行连线。

某企业根据生产成本对某新产品进行定价　　　　　　　需求定价法

公交公司针对老人、儿童推出不同的车票价格　　　　　竞争定价法

某建筑公司为投标某工程做的各建筑材料的标价　　　　成本定价法

活动二　确定产品定价策略

定价策略与定价方法密切相关，定价方法可以理解为确定产品价格的依据，而定价策略则侧重于根据市场的具体情况，运用价格手段来实现企业的定价目标。不同企业生产经营的产品不同，发展的阶段不同，所面临的市场情况也不同，因此会采用不同的定价策略。产品定价策略主要有4类，即新产品定价策略、差别定价策略、心理定价策略和折扣定价策略，如图4-14所示。

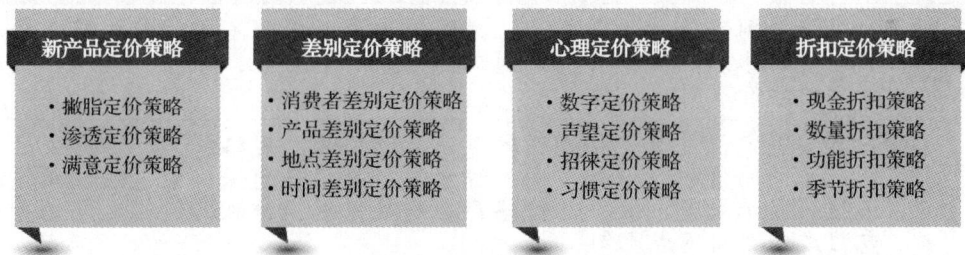

图4-14　产品定价策略

1. 新产品定价策略

企业新产品能否给企业带来预期效益，能否在市场上站稳脚跟，定价因素起着十分重要的作用。新产品定价策略主要有撇脂定价策略、渗透定价策略和满意定价策略，如表4-7所示。

表4-7　新产品定价策略

类型	说明
撇脂定价策略	撇脂定价策略是指企业在产品生命周期的引入期或成长期，利用消费者求新、求奇的心理，抓住激烈竞争尚未出现的有利时机，将价格定得很高，以期在短期内获得尽可能多的利润

类型	说明
渗透定价策略	渗透定价策略是指企业在产品上市初期，利用消费者求廉的消费心理，有意将价格定得很低，使新产品以物美价廉的形象吸引消费者，占领市场，以获取远期的稳定利润
满意定价策略	满意定价策略又称平价销售策略，是介于撇脂定价策略和渗透定价策略之间的一种定价策略，即企业为新产品既不定高价，也不定低价，而是为其确定一个中间价，这个中间价就是让买卖双方均感到满意的价格

2. 差别定价策略

差别定价策略是指企业针对不同的消费者，根据不同的销售时间、销售地点、销售情景等来调整产品价格，实行差别定价的一种定价策略。差别定价策略体现出的价格差别不反映成本的变化，而是基于消费者需求的差异性。企业在实行差别定价时，必须对价格有良好的控制能力，能够应对差别定价可能带来的风险。

差别定价策略具体包括消费者差别定价策略、产品差别定价策略、地点差别定价策略和时间差别定价策略等，如表 4-8 所示。

表4-8　差别定价策略

类型	说明
消费者差别定价策略	消费者差别定价策略是指企业把同一种产品按照不同的价格销售给不同的消费群体。例如，公共交通工具、旅游景点等，学生、老人和一般消费者的票价不同
产品差别定价策略	产品差别定价策略是指企业按照产品的型号、规格、式样、包装的不同制定不同的价格。例如，同一种水果，采用普通保鲜袋包装，与精品水果纸箱或水果篮包装，其价格存在明显差别，并且其价格之间的差额和包装成本之间不成比例
地点差别定价策略	地点差别定价策略是指企业对处于不同地点的产品制定不同的价格，即使每个地点的产品或服务的成本是相同的。例如，火车卧铺票的售价从上铺到中铺、下铺依次升高
时间差别定价策略	时间差别定价策略是指企业对不同季节、不同时期甚至不同时间点的产品分别制定不同价格的定价策略。例如，航空公司淡季售票价格低，旺季售票价格高

3. 心理定价策略

心理定价策略是指企业运用心理学原理，根据不同类型消费者的消费心理来制定价格，以引导和刺激消费者购买。常用的心理定价策略有数字定价策略、声望定价策略、招徕定价策略、习惯定价策略，如表 4-9 所示。

表4-9 心理定价策略

类型	说明
数字定价策略	数字定价策略是指根据消费者的心理，围绕数字进行产品定价的策略，包括尾数定价策略、整数定价策略和愿望数字定价策略。 • 尾数定价策略是指企业利用消费者求廉的心理，制定非整数价格的定价，如某产品的价格定为39.9元，而不是40元，给消费者产品便宜、价格精确的感觉； • 整数定价策略是针对消费者求名、自豪的心理，将产品价格有意定为整数； • 愿望数字定价策略是指巧妙运用消费者对某些数字的偏爱进行数字定价
声望定价策略	声望定价策略是指根据产品在消费者心中的声望、信任度和社会地位来确定价格的一种定价策略。例如，对于一些名牌产品，企业可以利用消费者仰慕名牌的心理而制定高于同类产品的价格
招徕定价策略	招徕定价策略是指企业将某几种产品的价格定得非常高或者非常低，在激发消费者的好奇心理和观望行为之后，带动其他产品的销售，加速资金周转的一种定价策略。需要注意的是，用来招徕的产品即便价格低，也必须是品种新、质量优的适销产品
习惯定价策略	习惯定价策略是指根据消费市场长期形成的习惯性价格来定价的一种策略。对于经常性、重复性购买的产品，特别是日用品，在消费者心理上已经"定格"，其价格已成为习惯性价格，如果降价可能会引起消费者对品质的怀疑，如果涨价则可能会受到消费者的抵制，企业要迎合消费者的这种习惯心理，进行相应的产品定价

4. 折扣定价策略

折扣定价策略是指企业把一部分利润转让给消费者，以争取更多消费者的一种定价策略。折扣定价策略包括现金折扣策略、数量折扣策略、功能折扣策略、季节折扣策略等，如表4-10所示。

表4-10 折扣定价策略

类型	说明
现金折扣策略	现金折扣策略是指对现款交易或按期付款的消费者给予价格折扣的一种价格策略，如购买新房，现款一次性付清可以享受一定的折扣优惠
数量折扣策略	数量折扣策略是指企业为了鼓励消费者大量购买，根据购买数量给予不同折扣的一种价格策略，购买数量越多，折扣越大
功能折扣策略	功能折扣策略是指生产企业给予某些批发商或零售商一些额外折扣，使批发商或零售商可以获得低于目录价格的价格，促使他们执行某种市场营销功能（推销、储存、服务），并与生产企业建立长期、稳定、良好的合作关系
季节折扣策略	季节折扣策略是指生产季节性产品的企业对在销售淡季购买产品的消费者给予一定的折扣优待。例如，在夏季购买羽绒服的消费者会享受商家的折扣优惠

企业在确定产品价格的过程中会遇到许多不确定性因素，通常需要注意以下问题。

- 经营成本与市场竞争活动是随时变化的，因此产品定价也不能一成不变。
- 尚未确定定价对销售、利润的影响之前，不宜制定价格。
- 在确保潜在消费者不因价格经常改变而感到无所适从之后再采取弹性定价。
- 客观看待市场竞争和竞争者，不宜有过度反应。
- 已有竞争力的价格不宜再降低，应将重点放在提高产品质量或提高附加值方面。

活动三　调整产品价格策略

调整产品价格策略是企业根据客观环境和市场形势的变化对原有产品价格进行调整的策略。企业的生产经营状况和市场形势都在不断变化，在适当时期对既定价格进行调整，是企业适应环境变化、争取竞争主动权的有效手段。企业对原定产品价格进行调整，一般分为两种情形，即调高价格和降低价格。因此，企业调整产品价格的策略分为提价策略和降价策略。

1. 提价策略

有时提价会引起消费者不满、经销商抱怨，造成企业竞争力下降等，但提价确实能够增加企业的利润。通常企业在出现以下情形时，需要采取提价策略，如图 4-15 所示。

提价策略分为直接提价和间接提价两种。

企业采取提价策略的原因：
减少成本压力
产品供不应求，遏制过度消费
创造优质优价的效应

图4-15　企业采取提价策略的原因

（1）直接提价

如果消费者对产品的价格不敏感，企业可以采用直接提价的方式。例如，一台洗衣机的原价是 3 200 元，由于成本上涨，企业可以将产品价格调到 3 600 元，因为消费者并不经常购买此类产品，直接提价对他们影响不大。

（2）间接提价

间接提价是指企业使产品价格在表面上保持不变，但实际价格隐性上升。间接提价包括以下几种方法。

- 减少免费服务项目，或者增加收费项目。例如，原来提供免费维修，现改为收费维修。

- 企业可以更换较便宜的原材料或配件，或者使用经济低廉的包装材料，以降低产品成本。
- 提价的同时提高产品质量，树立本企业产品的高品质形象。

经验之谈

一般来说，产品降价容易，提价难。企业为了保证提价策略顺利实施，应尽可能地采用间接提价的方式，把提价的不利影响程度降到最低，使提价既不影响销量和利润，又能被消费者接受。

企业还应选择合适的提价时机，如产品在市场上处于优势地位，产品进入成长期，或者竞争对手产品提价等，同时要注意消费者的反应。企业在提价前应认真研究和预测消费者对价格调整可能出现的反应，并在进行价格调整时加强与消费者的沟通。总之，企业在使用提价策略时必须慎重，尤其应掌握好提价幅度和提价时机，并注意与消费者及时沟通。

2. 降价策略

企业采用降价策略通常是受到外部需求及竞争等因素变化的影响，也可能是受到企业内部的战略转变、成本变化等因素的影响。企业对产品采取降价策略的原因有很多，主要表现在以下几个方面，如图4-16所示。

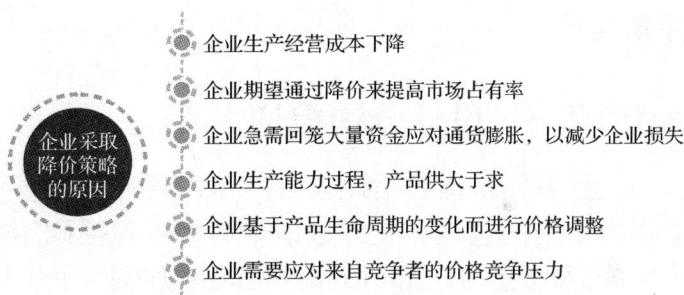

企业采取降价策略的原因

- 企业生产经营成本下降
- 企业期望通过降价来提高市场占有率
- 企业急需回笼大量资金应对通货膨胀，以减少企业损失
- 企业生产能力过程，产品供大于求
- 企业基于产品生命周期的变化而进行价格调整
- 企业需要应对来自竞争者的价格竞争压力

图4-16　企业采取降价策略的原因

降价策略主要包括以下4种。

- **直接降价**。企业将产品目录价格或标价直接降低。例如，一件衬衫原价为198元，现价为168元。
- **折扣降价**。企业通过数量折扣、现金折扣、津贴等形式，间接降低产品价格。例如，一件衬衫168元，两件300元。
- **变相降价**。例如，赠送样品、优惠券，实行有奖销售；给中间商提供推销奖金；允许消费者分期付款、赊销等。
- **提高产品质量或增加服务内容**。例如，提高产品质量、改进产品性能、增加产品用途；提供免费或优惠送货上门、技术培训、维修咨询服务等。

降价的方式多种多样，而且比较灵活，在市场环境发生变化时，即使取消降价也不会引起消费者太大的反应。降价策略同时也是一种促销策略，在现代企业经营活动中被广泛应用。

任务三　建立分销渠道策略

任务描述

李老师对小艾说，建立分销渠道策略是企业实现产品销售的关键环节，有助于企业快速打开市场，实现产品价值，提高交易效率与增强企业竞争优势等。分销渠道策略包括两方面内容：建设分销渠道和管理分销渠道。

小艾对分销渠道并不是太了解，李老师为其进行了详细介绍：分销渠道又称销售渠道，或简称渠道，是指产品从生产企业向消费者转移的过程中所经过的、由各中间环节连接起来形成的通道，如图4-17所示。分销渠道的起点是生产者，终点是消费者，中间环节即中间商，包括代理商、批发商、零售商和经纪人等。他们都是分销渠道的成员，共同构筑起分销渠道。

图4-17　分销渠道

任务实施

👤 活动一　设计分销渠道

设计分销渠道是指建立以前从未存在过的分销渠道或对已经存在的分销渠道进行变更的过程。设计分销渠道一般包括确定渠道目标、确定渠道模式、确定中间商、选择渠道成员和评估渠道方案5个步骤。

（1）确定渠道目标

渠道目标是企业预期达到的消费者服务水平（何时、何地、如何对目标消费者提供产品和实现服务）以及中间商应执行的职能。无论是创建新渠道，还是对原有渠道进行优化变更，企业都必须将渠道目标明确列出来。

（2）确定渠道模式

确定渠道模式就是确定渠道的长度，即根据影响渠道的主要因素来决定采取什么类型的营销渠道，是推销人员上门推销或企业自设销售网点的短渠道，还是通过中间商销售的长渠道，并确定选择什么规模和类型的中间商。常用的渠道模式有独家分销、选择性分销、密集型分销3种。

（3）确定中间商

企业在确定中间商时主要应考虑以下3个因素。

- **确定中间商的类型。**中间商的类型有代理商、批发商、零售商和经纪人等。
- **确定中间商的数量。**企业要参考产品的特点、市场容量的大小和需求面的宽窄等影响因素来确定中间商的数量。

- **明确中间商的职责。**企业要明确与中间商彼此之间的权利和责任，双方的权利与责任应在签约条款中明确体现。

（4）选择渠道成员

渠道成员即中间商，中间商的选择合理与否，对企业产品进入市场、占领市场、巩固市场和发展市场有着关键性的影响。企业在选择中间商时，应考虑的因素如表 4-11 所示。

表4-11　选择中间商应考虑的因素

考虑因素	说明
服务对象	中间商的服务对象必须与企业的目标市场一致
地理位置	选择中间商必须考虑其地理分布情况，要求既要接近消费者，又要便于运输、储存及调度
经营范围	考察中间商的市场覆盖面，如果其经营的产品与企业竞争者的产品高度重合，企业选择时就要慎重，不宜轻易选取
经营能力	考察中间商是否有稳定的、高水平的销售队伍，健全的销售机构，以及完善的营销网络和丰富的营销经验，尽量选择人员素质高，储存、运输、服务能力较强的中间商
财务实力	要选择资本实力较强的中间商，这样后期中间商能够做到按期付款，甚至预付货款
合作意愿及信誉	如果中间商的资信状况良好，知名度较高，而且有较强的合作意愿，企业可以考虑；如果没有合作意愿，再有实力的中间商也不能选择
与公众的关系	主要考察中间商与公众、政府、消费者之间的关系，要选择那些能够获得公众、政府的支持，受消费者欢迎的中间商

（5）评估渠道方案

评估渠道方案是指企业对各种备选方案进行评估，找出能够满足企业长期营销目标的最优的渠道方案。常用的评估标准有经济性标准、可控性标准和适应性标准。

- 经济性标准主要考虑的是每条渠道的销售额与成本的关系，以企业能够获取最佳经济效益为最佳方案。
- 可控性标准考虑的是企业对渠道的控制力，合适的渠道方案应当保证企业对分销渠道有足够的控制力。
- 适应性标准指企业要有一定的适应能力，能适应市场需求和由此产生的各个方面的变化。

活动二　管理分销渠道

在确定分销渠道后，企业要对这些分销渠道进行管理，方法如下。

1. 激励中间商

企业在选择了分销渠道以后，为了保证中间商能够扩大对本企业产品的销售，使其高效运作，必须对其进行激励和扶持，方法如下。

（1）提供适销对路的产品

企业根据市场需求不断开发新产品，提高产品适销率，为中间商提供适销对路的产品，从根本上为中间商创造良好的销售基础。

（2）扶持中间商

扶持中间商包括3种方式：一是向中间商提供必要的资金支持或使用优惠的付款方式；二是向中间商提供市场信息和产品信息及有关服务；三是帮助中间商策划并开展促销活动，提供广告津贴、陈列经费、宣传品、人员培训等。

（3）建立长期伙伴关系

企业要帮助中间商搞好销售管理，提高销售效率，使其高效运作，促进中间商的积极性和销售热情，不断正向强化双方的关系，进而与其建立长期伙伴关系。

2. 评估中间商

企业要对中间商进行有效管理，还需要制定一定的评估标准，以检查、衡量中间商的表现。评估中间商的标准包括以下几个指标。

（1）销售指标完成情况

中间商达成的产品销量、销售额直接表明了中间商的实力，这是评估中间商的首要指标。

（2）平均存货情况

中间商具有仓储功能，在一定程度上可以降低生产企业的存货压力。但是，存货过多会造成产品流通速度缓慢，影响中间商的经济效益，所以能够维持正常周转的最低存货量才是最佳存货量。评估中间商的平均存货情况，要注意查看中间商的存货量是否能够维持正常运转，并在此基础上查看存货量是否过多。

（3）产品市场占有率

衡量中间商营销能力的一个重要指标是产品市场占有率。产品市场占有率直接影响着企业的市场发展状况，一般情况下，较高的市场占有率可以给企业带来丰厚的利润。

除此之外，中间商支付货款的情况、中间商与企业的配合程度、中间商的管理水平与管理能力、中间商的服务水平与消费者满意度等也是评估中间商的有效指标。

绩效较高、对企业有较大贡献的中间商往往会成为企业合作的重点对象；而绩效一般或低于企业要求的中间商，企业要找出原因并及时补救，必要时可以剔除绩效差的中间商，以保证渠道效能。

3. 调整分销渠道

随着消费者需求及产品生命周期的变化，企业要不断进行动态调整，根据自身要求及中间商的表现来调整渠道成员，如增减中间商数量、增减分销渠道数量，或调整分销渠道的结构等。

（1）增减中间商数量

当企业发现现有渠道过少，不能使产品有效触达目标市场，影响了产品的销路时，应增加新的渠道，即增加同一层次的中间商数目；反之，则应减少中间商，缩小渠道宽度。

（2）增减分销渠道数量

当企业在某目标市场上通过增减个别中间商并不能解决根本问题时，就会采取增减某一特定分销渠道的办法。某种分销渠道出售本企业的某种产品，其营业额一直不够理想，企业可以考虑在全部目标市场上或某个区域内撤销这种渠道模式，而增设其他的渠道模式。

（3）调整分销渠道的结构

分销渠道为营销服务，当企业原有的分销渠道产生严重的矛盾冲突，不能满足市场需要时，或者企业调整战略目标，营销组合发生重大变化时，就需要对分销渠道进行重新设计。

💡 **知识窗**

随着时代的发展变化，企业也要注重分销渠道的创新设计。分销渠道创新主要包括两方面，一是全渠道营销，二是新零售营销。

（1）全渠道营销

全渠道营销是指企业为了满足消费者的购买需求，采取实体渠道、电商渠道和移动商务渠道整合的方式销售产品或服务，提供给消费者无差别的购买体验的营销方式。

实体渠道类型包括实体自营店、实体加盟店、电子货架等；电商渠道的类型包括自建官方 B2C 商城、进驻电商平台（如淘宝店、京东店、苏宁店）等；移动商务渠道类型包括自建 App 商城、微商城、小程序等。

（2）新零售营销

新零售营销是指企业以互联网为依托，运用大数据、人工智能等先进技术手段，对产品的生产、流通与销售过程进行升级改造，进而重塑业态结构与生态圈，并对线上服务、线下体验以及现代物流进行深度融合的零售新模式。

新零售下创新渠道的类型主要包括天猫、京东、拼多多等平台入驻型创新渠道、内容聚合型创新渠道、短视频直播带货等创新渠道及线上线下相结合的创新渠道等。

💡 **知识窗**

任务四　开展促销活动

任务描述

一说起"促销"，大家都不陌生，小艾更是兴趣盎然。作为消费者，她喜欢促销，因为可以获得实惠；而作为营销者，她也喜欢促销，因为每次举办产品促销活动都能够吸引许多人围观购买，小艾很喜欢也很享受这种销售氛围。李老师告诉小艾，企业的产品促销活动涉及人员推销、广告促销、营业推广及公共关系促销等形式。

任务实施

👤 活动一　开展人员推销

人员推销是一种通过人员沟通说服他人购买产品的过程。人员推销的核心是说服，即说服目标客户，使其接受推销的产品。人员推销具有双向信息传递性、针对性、灵活性和适应性等特点。推销人员能够根据目标客户的情绪及心理变化灵活地调整推销方式，并且注重与其建立友好关系。

1. 人员推销的形式

随着时代的发展，人们的沟通工具越来越多，消费心理发生着变化，推销的形式也变得更加多样化。目前，主流的人员推销形式如表4-12所示。

表4-12　主流的人员推销形式

人员推销形式	说明
上门推销	上门推销是指推销人员携带产品样品及产品的相关资料，如说明书、订货单、宣传单等上门寻找客户，并通过面谈的方式向客户介绍和展示产品，并促成客户购买的一种推销方式。这种推销方式主动性强，效果显著，但费工费时，成本较高，适合技术含量较高、采购量较大的产品
柜台推销	柜台推销是指推销人员在固定营业场所设置柜台接待客户、推销产品的方式。这种方式是一种等待客户上门式的推销，需要推销人员提供良好的服务
会议推销	会议推销是指推销人员在各种会议场所，如展销会、洽谈会、交易会、订货会、供货会等进行推销的方式。这种方式接触面广，推销集中，可以同时面向多个客户推销，成交额较大，推销效果好
电话推销	电话推销是指推销人员拨打电话向目标客户讲解产品并进行推销的一种方式。这种方式省时省力，推销范围广，较为常用
网络推销	网络推销是指企业或个人使用网络向客户开展产品或服务销售的推销方式。推销人员通过电子邮件、直播、短视频等形式向目标客户推送营销信息，实现信息的精准传达，进而实现产品的推广和销售

2. 人员推销的实施

人员推销通常是按一定的步骤来实施的，如图 4-18 所示。

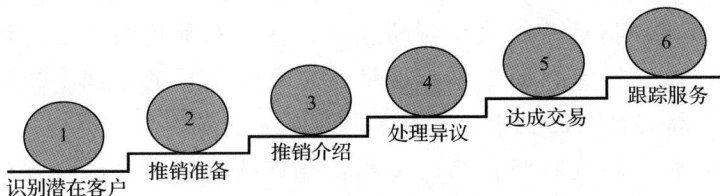

图4-18 人员推销的实施步骤

（1）识别潜在客户

推销工作的第一步就是识别潜在客户。识别潜在客户的方法很多，包括查阅资料、观察、访问，以及通过他人介绍、社会团体推荐等。潜在客户一般应具备 3 个条件：有需要、有购买力、有购买决策权。

（2）推销准备

推销人员在识别并确定潜在客户之后，要做好推销准备，收集相关的资料，如有关产品、客户和竞品等方面的信息，熟知产品知识，掌握其用途、使用方法，以及与同类产品相比有哪些亮点、优势等，同时要选择最佳的接近和访问客户的时间。

（3）推销介绍

推销介绍是人员推销的中心环节，是推销人员运用各种方法说服客户购买产品的过程。此过程的重点是产品介绍，推销人员要着重说明产品能够带给客户的价值和利益，在介绍时要重点突出、简洁易懂，还可以设计吸引客户注意的产品展示活动。

（4）处理异议

经过上述步骤，如果客户还在犹豫，说明客户还存在某些方面的顾虑，推销人员应采用各种推销技巧处理好客户的各种异议，消除客户的顾虑，并进一步指出产品的优势或可以提供的良好服务。

（5）达成交易

达成交易即推销人员提出一些优惠条件或做出保证，引导客户订货购买的过程。推销人员一旦发现客户有购买意愿，应立即抓住时机成交，为客户办理成交手续。

（6）跟踪服务

交易达成后，推销人员还要为客户提供各种售后服务。跟踪服务是人员推销的最后环节，同时也是下一轮推销的开始。跟踪服务能够表达推销人员的诚意与关心，加深客户对企业和产品的信赖与好感，促使其重复购买。同时，跟踪服务还能获取各种反馈信息，为企业决策提供依据。

根据推销技巧的不同，推销人员的推销方式分为以下类型。

- 探测性推销，指对于初次接触的客户，推销人员按照自己的计划进行试探性交谈，以观察客户的反应，再根据客户的反应灵活调整谈话内容，将客户的兴趣转移到产品上来，促使其产生购买行为。
- 创造性推销，指直接将产品的某些特性有效地对客户进行宣传讲解，使其产生兴趣，诱发其潜在需求，促使其完成购买。
- 针对性推销，指对潜在客户进行有目的、有针对性的推销，用充分的数据和事实引起客户的重视，促成交易的实现。
- 教育式推销，用培训、教育的方法向初次接触企业产品的客户传授产品知识，用示范操作的方式展示产品的优良品质，从而打消客户的疑虑，促使其做出购买选择。

活动二　实施广告促销

广告促销是一种通过大众媒体与目标消费者进行付费的、非人员的信息沟通活动，着眼于信息的大面积、快速传播。

广告即广而告之，是广告主为了某种特定的需要，通过一定的媒体，公开而广泛地向公众传递信息的宣传手段。这里所说的广告指商业广告，通常是生产企业、经营者和消费者之间沟通信息的重要手段，也是企业占领市场、推销产品、提供服务的重要形式。

广告具有覆盖面广、传播迅速、内容感染力强、说服力强等特点。优质的广告能够激发人们的消费欲望，增进消费者对产品的信任。广告还可以介绍产品知识，指导消费，促进新产品、新技术的发展。

广告按照分类标准的不同可划分为不同的类型。

- 按照传播范围的不同可划分为国际性广告、全国性广告、地区性广告。
- 按照内容的不同可划分为企业广告、产品广告和服务广告。
- 按照目的的不同可划分为告知广告、说服广告、强化广告、提示广告和形象广告。
- 按照媒介的不同可划分为报纸广告、广播广告、电视广告、网络广告等。

1. 广告内容策划

广告内容策划主要包括策划广告主题、设计广告组成要素和策划广告表现手法 3 个方面。

（1）策划广告主题

策划广告主题是指通过分析产品及市场，为广告确定一个诉求重点，这个重点即广告主题。广告主题要体现出与消费者需求、消费心理和企业目标相契合的产品个性特征。广告主题是广告的灵魂，它决定着广告的创意、需求表现和实际效果。广告主题分为理性主题、情感主题、道德主题 3 类，如图 4-19 所示。

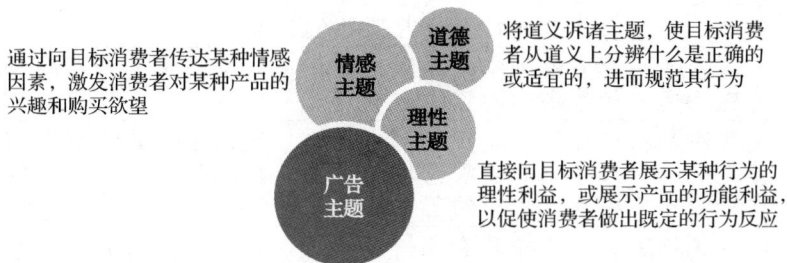

图4-19　广告主题的类型

（2）设计广告组成要素

广告组成要素包括广告创意、广告内容和视听效果三要素。

① 广告创意

广告创意是以独特的创意形式迅速吸引消费者眼球，使其产生购买意愿，促进企业产品的销售。创意可以从静态和动态两个角度来理解。静态即平时所说的点子，指有目的地进行一种创造性思维活动；动态则是融合广告主题、广告内容及广告表现手法，让这个点子在广告内容中脱颖而出，紧紧抓住消费者的注意力，并获得他们的认同。

② 广告内容

广告内容主要由广告文案、标识、品牌展示等构成。

- **广告文案**。广告文案是辅助广告主题对产品、活动内容等进行说明的文字。
- **标识**。标识是企业或其产品的载体，是一种特征性符号。
- **品牌展示**。品牌展示是对企业的一种宣传和推广，是扩大品牌知名度、建立消费者品牌认知和树立品牌形象的一种重要方法。

③ 视听效果

广告创意与内容展示要有一定的冲击力和辨识度，需要通过画面、声音等视听元素来呈现。

（3）策划广告表现手法

一则优秀的广告能够利用各种巧妙的设计和艺术表现手法，给消费者留下深刻的印象，达到快速传播的营销效果。常用的广告表现手法如表 4-13 所示。

表4-13　常用的广告表现手法

表现手法	说明
直接展示法	直接展示法是将某产品或广告主题直接如实地展示在广告版面上，充分运用摄像、摄影或绘画等技巧，着力渲染产品的质感、形态、功能和用途，将产品精美的质地呈现出来
对比衬托法	对比衬托法是把作品中所描绘事物的性质和特点放在鲜明的对照之中，互相对比和衬托，突出表现或强调产品的某项性能
夸张法	夸张是指在一般之中追求新奇变化，通过虚构把产品的特点和个性进行夸大，给人们带来一种新奇与变化的情趣
联想法	丰富的联想能突破时空的界限，使审美对象与审美者在联想过程中产生情感共鸣，加深画面的意境
幽默法	幽默法是指广告作品发挥艺术感染力，运用诙谐的情节和巧妙的安排，营造一种耐人寻味的幽默意境的方法。幽默的矛盾和冲突往往能够形成意料之外又在情理之中的艺术效果
以情托物法	以情托物法侧重选择具有感情因素的内容，以美好的感情来烘托主题，真实、生动地体现审美感受，以情动人，发挥艺术感染力，这是现代广告设计对美的意境和情趣的追求
安排悬念法	安排悬念法是指在表现手法上设置悬念，布下疑阵，使人们对广告画面乍看不解题意，造成一种怀疑和紧张的心理状态，驱动消费者的好奇心，开启积极的思维联想，然后通过文案内容等揭示广告主题，消除悬念，给人留下深刻的记忆

📖 **案例链接**

农夫山泉长白雪系列广告片

近年来，农夫山泉一直围绕品牌广告语"什么样的水源，孕育什么样的生命"策划广告主题，将广告拍成绝美纪录片，通过持续输出高水准的广告内容，不断传播品牌理念，加深消费者的记忆点。

农夫山泉的广告从不盲目跟从，而是坚持回归产品本身，坚持以原生态纪录片的方式，贯彻长期主义，坚持捕捉自然真实的镜头，呈现出一种难得的真诚。农夫山泉的长白雪系列广告宛如一部"动物世界"，以东北虎、紫貂、梅花鹿、长尾山雀等野生珍稀动物为主角，真实、自然地呈现出长白山原生态之美，每一帧画面都非常有质感，是一场给消费者带来的视觉盛宴，如图4-20所示。

整个广告片没有任何人物出现，就是真实地呈现长白山的自然状态，包括皑皑白雪、潺潺流水、无限春光，以及自由生活在这些山脉与森林里的万物生灵。农夫山泉通过纪录片实景展示长白山一年四季变换的风光，从春光明媚到雪花飞舞，真实地描绘了长白山优美独特的生态环境，从侧面烘托了农夫山泉健康、纯净的产品优势。

"天然的长白山水源地，就是农夫山泉至高品质的有力佐证。"在那里，自然和生命和谐共处，处处充满生机。地理位置优越的长白山生态反映了农夫山泉对天然水源地的高标准追求，也突显了农夫山泉对生态环境保护的重视。

图4-20 农夫山泉广告片中长白山的动物

农夫山泉广告片以朴实的镜头记录最真实的生态环境，无须华丽的辞藻和夸张的修饰就能叩开人们的心扉，充分展现长白山作为黄金水源地的魅力，是农夫山泉最好的背书。

智慧锦囊： 农夫山泉的广告片相较于硬广目的性较弱，没有很明显的劝告性，是一则具备真实属性的纪录片广告，虽然内容朴素，但更容易打动消费者，深化人们对农夫山泉"天然、健康"的品牌认知，传播效果很好。这则广告片不止展示了自然风光，更是传递了敬畏自然与生命、爱护野生动植物的理念，彰显了农夫山泉的品牌责任感，体现出企业的价值观。

对产品来说，采用这种真实生态纪录片方式更能说明农夫山泉对优质饮用水源的执着，成功地将"我们不生产水，我们只是大自然的搬运工"的广告语植入消费者心智。观赏长白山的自然风光，同时也是给消费者近距离欣赏农夫山泉水源地的契机，可以让消费者愿意相信农夫山泉坚持纯天然水质理念。这样的广告片兼具感染力与说服力。

2. 广告促销的实施

企业在选择广告作为促销方式后，必须制定切实可行的广告实施方案。一般广告促销的实施包括6个步骤，如图4-21所示。

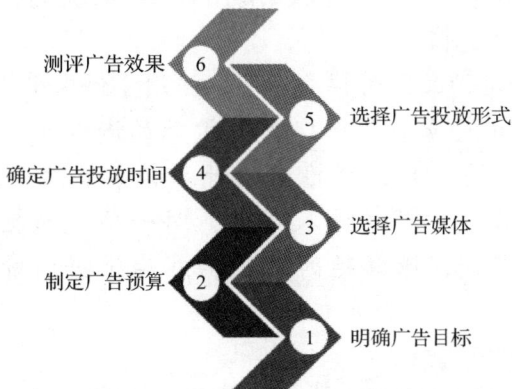

图4-21 广告促销的实施步骤

（1）明确广告目标

广告目标是指企业广告促销活动所要完成的特定传播任务。企业在促销产品时，必须明确广告宣传的具体目标，如提高品牌知名度或突出产品、服务的优势等。一般广告目标主要有告知、说服、提醒等。

①告知：通过广告活动使目标消费者知道企业或产品的某种信息。此目标主要用于新产品上市、新企业开张等情况，起预先告知、引起关注的作用。

②说服：通过广告突出本企业产品的特色和优点，以说服目标消费者购买本企业的产品。此目标主要是刺激消费者对产品的偏好。

③提醒：通过广告活动不断提醒消费者想起某个产品。该广告目标对于成熟期的产品极为重要，可以使消费者记住某个产品。

（2）制定广告预算

广告预算是指对广告促销活动所需费用的计划和粗略计算。广告预算规定了广告促销活动所需的费用总额，主要包括市场调研费、广告设计费、广告制作费、广告媒体使用费、广告机构办公费与人员工资等项目。企业可以根据自身账务状况和实现广告目标的实际需要做好广告预算。

（3）选择广告媒体

广告信息要通过一定的媒体才能有效地传播出去。广告是要给消费者看的，因此，消费者在哪里，广告就在哪里。企业必须选择消费者经常接触且感兴趣的媒体，这样才能有效提升广告效果。广告媒体包括传统媒体和新媒体，传统媒体有报纸、杂志、广播、电视等，新媒体有网络、手机、户外媒体、移动电视等。

企业要正确地选择广告媒体，需要考虑的影响因素有产品的性质、消费者接触媒体的习惯、媒体的传播范围、媒体的影响力、选择媒体的费用等。企业应结合广告目标及广告预算选择适宜的广告媒体。

（4）确定广告投放时间

广告投放时间是相对于产品进入市场的时间来说的，一般有即时推出、提前推出、延时推出3种选择。

- **即时推出**。广告与产品同时推向市场，适用于供求平衡或销量紧张的产品。
- **提前推出**。为了先声夺人，广告早于产品进入市场，适用于人们熟悉的改进后重新上市的产品、新推出的产品和季节性产品。
- **延时推出**。广告晚于产品进入市场。对一些没有把握的新产品，可以先做一些试探性广告，选择延时推出，然后根据消费者的反应再决定广告的规模。

（5）选择广告投放形式

广告投放形式应根据产品及品牌所要达到的传播目的和效果来定。产品生命周期不同，应采用不同的广告投放形式。广告投放形式包括集中式投放、连续式投放和间歇式投放。

- **集中式投放**。集中式投放是指在特定时刻、特定区域使用特定媒体，最大限度地进行广告投放，产生轰动效应。
- **连续式投放**。连续式投放是指企业有目的、有步骤地把产品信息持续不断传达给目标消费者，对目标消费者连续产生影响的一种投放广告形式。
- **间歇式投放**。对于一些品牌知名度高或在市场上畅销的产品，企业往往采取间歇式的广告投放形式。间歇式投放可以有效唤醒消费者的情感，加深消费者的记忆，同时还能避免其他品牌信息乘虚而入。

（6）测评广告效果

通过测试和评估广告效果，企业可以了解目标消费者对广告的理解和接受程度，以及广告对产品销售所起的作用。

- **沟通效果测定**。主要测定目标消费者在广告发布前后对产品注意、记忆、兴趣的变化情况，从而确定企业广告活动中广告信息的传播是否有效。
- **促销效果测定**。主要测定广告对产品销售所起的作用，一般通过对比广告前后产品的销量来测定。

活动三　进行营业推广

营业推广又称销售促进，是指为刺激消费者的需求，鼓励其尽快或大量购买产品而采取的各种促销形式，着眼于刺激需求、增加销量。营业推广最大的特点是立即显效，企业在新品上市推广、清理库存、换季清仓或直面竞争对手时，往往会采用营业推广的促销措施，并且能取得非常明显的效果。

1. 营业推广的方法

营业推广的方法分为三大类，即面向消费者营业推广、面向中间商营业推广和面向推销人员营业推广等方法，如图4-22所示。

面向消费者营业推广	面向中间商营业推广	面向推销人员营业推广
• 赠送促销 • 发放优惠券 • 折扣优惠 • 竞赛与抽奖 • 包装促销 • 集点优惠	• 交易折扣 • 推广津贴 • 销售竞赛 • 清货折让 • 回款折让	• 资金奖励 • 年终奖奖励 • 给予培训机会 • 职务晋升

图4-22　营业推广的类型与方法

（1）面向消费者营业推广

面向消费者开展营业推广可以鼓励原有消费者多购买产品，促使潜在消费者试用产品，动员消费者购买新产品或在淡季购买，引导消费者改变购买习惯，培养消费者对本企业的偏爱等。面向消费者营业推广的方法如表4-14所示。

表4-14 面向消费者营业推广的方法

推广方法	说明
赠送促销	企业向消费者赠送样品、试用品、赠品等
发放优惠券	企业向消费者发放优惠券，消费者在购买产品时持优惠券可以免付一定金额的费用
折扣优惠	企业在某一时期内，为了与竞品的价格相抗衡，增加市场份额，从而降低产品价格，通过减小利润换取销量
竞赛与抽奖	企业组织竞赛或抽奖活动，让消费者参与并有机会获得一些奖励，如现金或物品等
包装促销	企业以较优惠的价格提供组合包装和搭配包装的产品，包括包装内赠送、包装上赠送、包装外赠送和可利用包装赠送等多种形式
集点优惠	集点优惠也叫集印花优惠，指消费者每购买一定金额的产品可以获得一定数量的印花，集满相应数量的印花后可以换取某种产品或服务

（2）面向中间商营业推广

面向中间商营业推广的目的是鼓励批发商大量进购产品，吸引零售商扩大经营，动员中间商积极经销本企业的产品。面向中间商营业推广的方法如表4-15所示。

表4-15 面向中间商营业推广的方法

推广方法	说明
交易折扣	为刺激、鼓励中间商大批量地购买本企业的产品，企业对第一次购买和购买数量较多的中间商给予一定的折扣优惠
推广津贴	为促使中间商购进本企业的产品并帮助推销产品，企业给予中间商报酬，如广告津贴、展销津贴、陈列津贴等
销售竞赛	企业发起销售竞赛，根据各个中间商销售本企业产品的业绩，给予优胜者相应的奖励，如现金奖、实物奖、免费旅游等
清货折让	企业对产品进行一定的减价或折扣，以使中间商尽快清理积货，实现资金周转
回款折让	企业为了实现资金快速回流，将一定的回款方式与一定的折让比率挂钩，促使有实力的中间商为获得更多利润主动缩短回款周期

（3）面向推销人员营业推广

企业为了鼓励内部推销人员积极推销产品，往往采用资金奖励、年终奖奖励、给予培训机会和职务晋升等营业推广方法，如表4-16所示。

表4-16 面向推销人员营业推广的方法

推广方法	说明
资金奖励	企业对销售成绩突出的推销人员给予资金奖励
年终奖奖励	对业绩优良、工作成绩突出、为企业的发展做出巨大贡献的推销人员给予年终奖奖励
给予培训机会	企业为推销人员提供不同程度的培训机会和与同行、业内人士的交流机会，有效提升推销人员的工作积极性
职务晋升	对业绩出色的推销人员给予职务晋升待遇，并鼓励其指导和培养其他推销人员，有利于培养优秀的推销人员，构建强大的销售队伍

2. 营业推广的实施

企业实施营业推广的步骤如下。

（1）确定营业推广目标

确定营业推广目标是指明确营业推广的对象是谁，是消费者、中间商还是推销人员，要达到的目的是什么。只有这样企业才能有针对性地制定具体的营业推广方案。

（2）选择营业推广方法

选择营业推广方法是指确定采用何种营业推广方法。营业推广方法很多，但如果使用不当，就会适得其反。因此，选择合适的营业推广方法是取得营业推广效果的关键因素。企业一般要根据目标对象的接受习惯和产品特点，以及目标市场状况等综合分析，明确营业推广方法。

（3）确定推广途径

确定推广途径是指确定具体通过什么样的途径来传递营业推广信息。例如，可以通过在产品包装内分发优惠券、邮寄优惠券，或者通过广告传递折扣优惠的信息等多种途径来实现营业推广。

（4）选择推广时机

具体的促销日程也是值得企业研究的问题。一般推广时机的选择应根据消费需求的时间特点结合企业的市场营销战略来决定，同时应注意与生产、分销、促销的时机和日程协调一致。

推广时机包括两方面：一是确定营业推广活动的时机，例如，对于季节性产品、节日礼品，必须在相应季节、节日前做营业推广，否则就会错过时机；二是确定推广期限，即营业推广活动持续时间的长短，调查表明，营业推广最佳的推广频率是每个季度有3周的营业推广活动，最佳持续时间是产品平均购买周期的长度。平均购买周期是将第二次及以后的购买时间点与前一次购买的时间点之差进行平均而得出的。

（5）确定推广预算

企业可以通过以下3种方式来确定营业推广的预算金额：一是参照上期营

业推广的费用来确定当期营业推广的预算金额；二是根据占总促销费用的比例来确定营业推广的总预算金额，再将总预算金额分配到每个营业推广项目；三是先确定每个营业推广项目的费用，如印刷费、宣传活动费、赠品成本、减价提成等，再相加得到营业推广的总预算金额。

活动四　实施公共关系促销

公共关系促销是一种帮助企业与公众沟通、协调关系、化解矛盾，争取理解和支持，扩大企业知名度和美誉度，树立企业良好形象的促销活动。

企业公共关系是指企业与其相关的公众的相互关系。企业不是孤立的经济组织，而是社会大家庭中的一员，公关（公共关系的简称）就是要同社会公众建立良好的社会关系。企业公共关系的特点如图 4-23 所示。

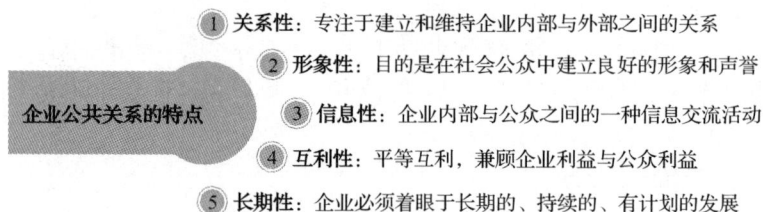

企业公共关系的特点

① 关系性：专注于建立和维持企业内部与外部之间的关系
② 形象性：目的是在社会公众中建立良好的形象和声誉
③ 信息性：企业内部与公众之间的一种信息交流活动
④ 互利性：平等互利，兼顾企业利益与公众利益
⑤ 长期性：企业必须着眼于长期的、持续的、有计划的发展

图4-23　企业公共关系的特点

1. 认知公共关系的工具

从促销的角度来看，企业开展公共关系主要是处理好企业与外部公众的关系，营造良好的外部营销环境。企业常采用的公共关系工具主要包括新闻、广告、演讲、公益活动、书面与视听资料、企业形象识别系统及组织参观活动。

（1）新闻

新闻是以第三方的名义通过大众媒体传播的特定信息。新闻对大众的影响力很大，是公共关系的主要工具。新闻公关方式包括召开新闻发布会和记者招待会，向媒体机构投新闻稿件，创造新闻素材，吸引新闻界的注意。这一般要求企业公关人员掌握新闻的相关知识与规律，并且与新闻界保持良好的联系。

（2）广告

在公共关系活动中，企业可利用广告来树立良好的企业形象，或者向公众传播必要的信息。公共关系广告主要包括形象广告、声明广告、致歉广告、祝贺广告、活动广告和公益广告等。

（3）演讲

演讲是指由企业领导利用新闻媒体或其他宣传工具向公众发表演讲，介绍企业的发展状况，阐述企业对某些问题的看法，或者回答各种问题。演讲也是提高企业知名度、树立企业形象的方法。

（4）公益活动

公益活动是指企业为了获得公众好感、表现社会责任担当而进行的有关维护社会公共利益的活动。

（5）书面与视听资料

企业编写并制作各种书面资料，向各类公众广泛散发和寄送，以加深公众对企业及产品或服务的了解，影响公众的观念和态度，增加公众对企业的好感。

企业也可以设计制作电影、纪录片、幻灯片、录音带、多媒体软件等视听资料，在各种公共场合播放。

（6）企业形象识别系统

企业形象识别系统（Corporate Identity System，CIS）是指一个企业区别于竞争对手及其他企业、团体、机关的各种形象、文字及风格等方面的综合体。公关部门应参与到企业 CIS 战略决策中，有意识、有计划地向公众展示与传播企业的各种特征，通过理念识别、行为识别、视觉识别突出企业风格，宣传企业文化，展现产品特色，以给公众留下深刻的印象。

（7）组织参观活动

组织参观活动是一种通过参观者的实地考察、体验，使其对企业产生直观感受和认识的公关活动。企业为了能让更多的人了解企业、认识企业，常采用组织参观活动，让消费者近距离接触企业及产品。例如，君乐宝集团连续多年邀请消费者前往工厂参观生产车间。

2. 公共关系促销的实施

公共关系促销的实施一般包括以下步骤。

（1）确定公共关系目标

公共关系目标是公共关系策划所追求和渴望达到的结果。公共关系目标是公共关系全部活动的核心，是公共关系策划的依据和方向。一般来说，企业公共关系的直接目标是促成企业与公众的相互理解，影响和改变公众的态度和行为，建立良好的企业形象。企业应根据实际情况确定具体的公共关系目标。

（2）策划公共关系方案

确定了公共关系目标，企业便可以策划具体的公共关系方案。公共关系方案主要包括以下几个方面的内容。

- **确定公众对象**。每个企业都有其特定的公众对象，确定公众对象是公共关系策划的首要任务。

- **选择公共关系活动模式。** 公共关系活动模式多种多样，企业应根据公共关系的目标、任务、对象分布等因素确定。公共关系活动模式有宣传型、服务型、建设型、维系型等。
- **选择公共关系的工具。** 选择公共关系的工具是指确定公共关系传播的媒介，如新闻、广告、演讲等。媒介的种类很多，只有选择恰当的媒介才能取得良好的效果。
- **确定公共关系的时间。** 企业应按照目标管理的办法，制定科学、详尽的公共关系计划时间表。对于活动的起始时间，企业要独具匠心，抓住最有利的时机，以取得事半功倍的效果。
- **确定公共关系的地点。** 企业要提前安排好公共关系活动的地点。公共关系活动所用场地的大小和样式要根据公众对象的人数、公共关系项目的具体要求和自身的预算来确定。

（3）编制公共关系预算

编制公共关系预算，首先要清楚企业的承受能力，做到量力而行。公共关系活动的预算主要包括以下3个方面。

- 行政费用，主要包括劳动力成本、管理费用及设施材料费。
- 项目费用，即每个具体的项目所需的费用，如场地费、广告费、赞助费、邀请费及咨询费、调研费等。
- 其他费用，如应对突发性事件而支出的费用等。

（4）实施公共关系方案

企业管理层审核和批准公共关系策划方案，使公共关系目标和企业的总目标一致，以便使公共关系活动和其他部门的工作相协调。公共关系方案由此可以得到管理层和全体员工的积极配合和支持。公共关系方案经过审定便可组织实施。

公共关系活动实施的关键是信息交流，企业必须运用大众传播媒介及其他交流信息的方式，以有说服力的传播影响公众，从而达到良好的公共关系效果。

（5）效果分析评估

最后，企业应对公共关系活动是否实现既定目标进行分析评估。公共关系工作的成效可以从定性和定量两个方面来进行评估。信息传播可以强化或转变公众固有的观念和态度，但人们对信息的接收、理解和记忆都具有选择性。

传播成效的取得是一个潜移默化的过程，在一定时期内很难用统计数据衡量。有些公共关系活动的成效可以进行数量统计，如理解程度、抱怨者数量、媒体宣传次数、赞助活动次数等。

经验之谈

企业在实施公共关系促销时，要注意把握以下几点。

（1）遵守求实、创新的原则，以诚恳的态度向公众传播真实有效的信息，同时要别出心裁、生动有趣，这样才能吸引公众，并给公众留下深刻而美好的印象。

（2）懂得系统观念和弹性原理。要将公共关系活动作为一个系统工作来认识，按照系统的观点和方法来谋划和统筹。公共关系活动涉及的不可控因素很多，要注意弹性掌控，做到进退自如。

（3）了解并准确把握公众心理，按公众的心理活动规律因势利导，同时兼顾企业效益，在实施公共关系促销时尽量以较少的费用取得最佳的效果。

💡 **知识窗**

常见的公共关系活动模式主要有以下几种。

- **交际型**：主要以面对面的人际传播为手段，通过人与人的直接交往建立广泛的联系。
- **宣传型**：通过各种媒体向公众传播信息，提高品牌知名度。
- **征询型**：为企业决策咨询和收集信息，如有奖征文、问卷调查、有奖测验等。
- **社会型**：通过开展各种社会福利活动来提高企业的知名度和美誉度。
- **进攻型**：企业在与外界环境发生激烈冲突、处于生死存亡的关键时刻所采取的一种主动出击的公共关系活动模式。
- **防御型**：企业积极听取外界的批评意见，主动改进工作方式。
- **建设型**：企业创建初期，为给公众留下良好的第一印象而采用的活动模式，如举办开业庆典、奠基仪式。
- **维系型**。通过不间断的宣传工作维持企业在社会公众心目中的良好形象。

💡 **知识窗**

温故知新

一、填空题

1. 产品生命周期分为＿＿＿＿＿、＿＿＿＿＿、＿＿＿＿＿和衰退期。

2. 企业调整产品价格的策略分为＿＿＿＿＿和＿＿＿＿＿。

3. 竞争导向定价法有 3 种，分别为＿＿＿＿＿、＿＿＿＿＿、＿＿＿＿＿。

4. 评估中间商的标准包括销售指标完成情况、＿＿＿＿＿、＿＿＿＿＿3 个指标。

5. 营业推广中的交易折扣主要是针对＿＿＿＿＿所采取的方法。

二、选择题

1. 产品的生产批量小、制造成本高是产品生命周期中（　　）阶段的特征之一。

  A. 成长期   B. 引入期   C. 成熟期   D. 衰退期

2. 美的集团小天鹅洗衣机中的"小天鹅"是（　　）。

  A. 招牌   B. 商标   C. 品牌名称   D. 品牌标志

3. 企业对某几款产品实行"大减价""大甩卖"，这采用的是心理定价策略中的（　　）。

  A. 数字定价策略   B. 声望定价策略

  C. 习惯定价策略   D. 招徕定价策略

4. 某企业在微博上发布重要商业新闻，这一活动属于（　　）。

  A. 公共关系促销   B. 营业推广

  C. 人员推销   D. 广告促销

5. 推广津贴这种营业推广方法主要针对（　　）。

  A. 消费者   B. 中间商   C. 推销人员   D. 以上均是

三、判断题

1. 产品生命周期是指一种新产品从开始进入市场到被市场淘汰退出市场的整个过程。（　　）

2. 商标就是品牌，品牌就是商标。（　　）

3. 企业进行产品定价的唯一目标是追求利润最大化。（　　）

4. 认知价值定价法的关键是企业必须对产品的价值有正确的理解与认知。（　　）

5. 人员推销又称销售促进，是指能够直接刺激目标消费者需求而采取的能够迅速产生激励作用的一种促销手段。（　　）

四、简答题

1. 简述品牌策略。

2. 简述产品定价方法。

3. 简述激励中间商的方法。

4. 简述人员推销的实施步骤。

融会贯通

请同学们自由分组，4人一组，完成以下任务。

（1）请调研附近一家大型超市，分析该超市的产品采取了哪些定价策略；并从自身的经历和体验出发，讨论消费者对价格调整的反应，简单地写一份调研报告。

（2）通过市场调研，了解并判断超市的品牌都采用了哪些促销活动，并深入分析这些产品促销活动成功的要点与关键点有哪些，写一份调研报告。

（3）各小组由组长汇总组员的完成情况，并将调研报告整理成PPT的形式，对全班同学进行展示讲解。

（4）完成任务后，填写表4-17。

表4-17　产品定价及促销活动的训练评价

评价方式	定价策略分析（3分）	促销活动分析（3分）	调研报告（2分）	语言表达（1分）	举止礼仪（1分）	总分（10分）
自我评价						
小组评价						
教师评价						

项目五

实施数字互动营销

职场情境

　　小艾作为新时代青年，无论是生活、工作，还是休闲、娱乐，都离不开数字化媒体。数字技术推动媒体形式的更新迭代，促进各种形态的数字媒体产生，在此背景下，营销活动从传统媒体走向数字媒体、由线下走向线上成为总体趋势，并形成以精准化、个性化、定制化为特征的数字营销。

　　李老师告诉小艾，相较于传统的营销传播，如今的数字互动营销规模更大，更能满足消费者的个性化需求，在多维数据驱动的基础下能够实现精准化营销，促进市场营销进入消费者参与和体验的时代。

学习目标

知识目标

1. 了解数字互动营销的原理、构成要素和类型。
2. 了解数字互动营销的内容定位方式、内容选题类型。
3. 了解数字互动营销的内容表现形式和内容分发渠道。
4. 了解数字互动营销确定互动对象的方式、互动目标的类型。
5. 了解数字互动营销的互动方式、互动渠道和互动效果评估方法。

技能目标

1. 能够根据品牌或产品做好数字互动营销的内容定位。
2. 能够确定数字互动营销的内容选题和内容表现形式。
3. 能够规划数字互动营销的内容分发策略。
4. 能够进行数字互动营销内容运营。

素养目标

1. 培养营销职业道德，诚实守信，树立依法经营意识。
2. 树立与时俱进的理念，学会用新工具、新方法解决新问题。

任务一 初识数字互动营销

任务描述

　　数字互动营销是指利用网络技术、数字技术及移动通信技术等技术手段，借助各种数字媒体平台，针对目标消费者推广产品或服务，为实现营销目标而开展的精准化、个性化、定制化的实践活动。小艾在系统学习数字互动营销后，对其做出一个简单的定义：数字互动营销就是通过数字媒体对消费者进行引导消费的一种新型网络营销方式。

任务实施

活动一　认知数字互动营销的原理

　　数字互动营销的出现为企业指明了方向，高精准、低成本的数字互动形式成为企业营销得天独厚的优势。数字互动营销中植入式的广告更容易让消费者接受。无论是通过沟通交流、促销活动还是互动游戏，都会灵活地把企业的品牌形象或是产品营销信息带入其中，使企业营销信息能够比较自然地呈现给消费者。

数字互动营销的原理可以从以下几个方面来阐述。

1. 4P营销理论

4P营销理论由美国市场营销学专家杰罗姆·麦卡锡教授提出，4P即产品（Product）、定价（Price）、渠道（Place）、促销（Promotion）。他认为，一次成功的营销活动意味着将适当的产品以适当的价格、分销渠道和促销手段投放到特定的市场。4P营销理论是一种以产品销售为导向的理论。

4P营销理论的具体内容如下。

- **产品**：产品要具有独特的卖点，其功能、质量等自身属性优于同类产品，能够满足目标消费者的需求。产品属性还包括设计、种类、品牌、包装、规格、服务等多个方面。
- **定价**：产品价格是产品价值的货币表现形式，企业应根据目标市场的差异制定不同的价格策略，以实现营销目标。
- **渠道**：渠道是指产品从生产企业到消费者之间的环节。企业应注重分销渠道的建设与管理，注重中间商的培育与销售网络的建立。企业与消费者一般是通过中间商联系的。
- **促销**：促销是指企业利用各种信息传播手段刺激消费者的购买欲望。促销不仅包括产品销售，还包括企业宣传、公关促销等多种营销行为。

4P营销理论是站在企业的角度来进行思考，企业要生产何种产品，期望获得怎样的利润，要将产品以怎样的卖点传播和促销，并选择以怎样的路径来销售。这其中忽略了消费者作为购买者的利益特征，忽略了消费者是整个营销服务的真正对象。

2. 4C营销理论

4C营销理论是由美国市场学家罗伯特·劳特博恩教授提出的，4C即消费者（Customer）、成本（Cost）、便利（Convenience）和沟通（Communication）。4C营销理论强调企业应注重消费者需求，把令消费者满意放在第一位，努力降低消费者的购买成本，提升消费者在购买过程中的便利性，以消费者为中心实施有效的营销沟通。

4C营销理论的具体内容如下。

- **消费者**：消费者指企业的服务对象，在这里主要指消费者的需求。企业必须了解和研究消费者，根据消费者的需求来提供产品。
- **成本**：成本不仅包括企业的生产成本，还包括消费者的购买成本。企业除了考虑生产成本，还要考虑消费者为满足自身需求愿意支付的费用，企业应以较低的价格来获得消费者的支持与认可。

- **便利**：便利指为消费者提供最大的购物和使用便利。企业在制定营销策略时，要注意通过优质的售前、售中和售后服务让消费者在购物的同时享受到便利。
- **沟通**：沟通指企业与消费者之间的信息传递。企业和消费者沟通是为了更好地传递信息、维系关系和促成交易。企业应注重与消费者进行积极有效的双向沟通，建立新型的消费者关系。

4C 营销理论要求企业从消费者角度出发制定营销活动规划，较之前以产品为导向的 4P 营销理论有了很大的进步和发展。4C 营销理论以消费者的需求为导向，以追求消费者满意为目标，这实际上是当今消费者在营销中越来越占据主动地位的市场状况对企业的必然要求。

4C 营销理论是以消费者需求为导向，但市场经济要求的是竞争导向，4C 营销理论并未体现出既赢得消费者，又长期拥有消费者的关系营销思想，被动适应消费者需求的色彩较浓。企业若一味地满足消费者需求，而忽略其他重要因素，很难形成规模经济，因此企业必须综合考虑企业能力、市场情况及消费者需求等因素来制定营销策略。

3. 4V营销理论

随着市场的不断完善、技术的更新迭代、消费观念和消费意识的转变，市场营销理念、营销形式和营销模式都在发生着变化。在这种背景下，4V 营销理论应运而生，4V 即差异化（Variation）、功能化（Versatility）、附加价值（Value）、共鸣（Vibration）。

4V 营销理论的具体内容如下。

- **差异化**：企业的产品、服务或企业形象等与竞争对手存在一定的差异。企业主要通过对现有市场进行细分来体现差异化，关键要做到"人无我有，人有我优"。
- **功能化**：产品能够为消费者带来价值，这一价值主要体现在产品的功用上。消费者购买产品主要是因为产品所具备的功能和性能能够在生活和工作各方面为其带来便利。
- **附加价值**：附加价值是在产品原有价值基础上由技术附加、营销或服务附加和企业文化与品牌附加创造的价值，即附加在产品原有价值上的新价值。附加价值的实现在于利用有效的营销手段。
- **共鸣**：营销中的共鸣是指企业持续占领市场并保持竞争力的价值创新给消费者所带来的"价值最大化"以及由此所带来的企业"利润极大化"的作用。共鸣营销强调企业为消费者提供高品质和高附加价值的产品或服务，最大程度地满足消费者的需求；而消费者通过使用企业所提供的产品或服务获得一定价值，且对所购买的产品或服务感到满意，双方通过交易满足各自需求，实现效用价值最大化，企业与消费者之间逐渐形成共鸣。

4V营销理论主张满足消费者的个性化需求，以消费者满意为目标，重视无形要素的价值，在满足不同消费者需求的同时也失去了一部分消费者，因此也变相增加了企业的经营成本。

经验之谈

随着社会的进步和时代的发展，消费者对产品本身存在的原始价值的敏感度越来越低，反而越来越重视其附加价值，因此企业为了与消费者产生共鸣，需要进行更深层次的价值创新。价值创新主要是从产品的附加价值如品牌价值、情感价值和理念价值入手，尊重消费者并建立消费者导向，实现消费者让渡价值。消费者让渡价值是消费者购买产品或服务的全部价值，包括产品价值、服务价值、人员价值和形象价值等多个方面。只有当产品较同类产品能够为消费者带来更多价值时，消费者才愿意与企业完成交易，从而与企业产生共鸣。

4. 4R营销理论

4R营销理论是美国学者舒尔茨提出的，4R即关联（Relevance）、反应（Reaction）、关系（Relationship）和回报（Reward），该理论以关系营销为核心，目的是建立消费者忠诚度，保证企业的长期利益，形成独特的竞争优势。

4R营销理论的具体内容如下。

- **关联**。关联是指企业应通过某些有效的方式，在业务、需求等方面与消费者建立关联，形成一种互助、互求、互需的关系。
- **反应**。反应主要取决于企业获取消费者的信息后，如何迅速处理及应对。企业与消费者之间存在着相互影响的关系，企业应注意收集消费者的反馈信息，了解消费者的需求变化，并根据市场整体情况及时调整产品及营销策略。
- **关系**。企业应注重与消费者建立长期而稳固的关系，从交易变成责任，从产品营销变成管理维系与消费者的互动关系。
- **回报**。回报是企业营销活动中获得的经济效益，企业通过与消费者交易获得相应的利润，为企业的发展提供动力，同时这也是维持市场关系的必要条件。合理的回报既是正确处理营销活动中各种矛盾的出发点，又是营销的落脚点。

4R营销理论从关系营销出发，总结并建立企业长期、稳定发展的营销思路，通过关联、反应、关系、回报的形式建立企业与消费者之间独特的关系，把企业与消费者紧密联系在一起，相互促进，形成独特的竞争优势。

4P、4C、4V、4R 几种营销理论之间并不是取代关系，而是不断完善、发展的关系。由于企业层次不同，情况千差万别，市场、企业营销还处于发展之中，在特定时期内，4P 营销理论给出了营销的基础框架，4C 营销理论也是很有价值的理论和思路，4V 营销理论更注重实现消费者的让渡价值，4R 营销理论是在以上营销理论基础上的发展与创新。

4P、4C、4V、4R 营销理论的分析比较如表 5-1 所示。

表5-1　4P、4C、4V、4R营销理论的分析比较

项目	4P 营销理论	4C 营销理论	4V 营销理论	4R 营销理论
营销理念	生产者导向	竞争者导向	消费者导向	消费者导向
营销模式	推动型	供应链	拉动型	双向型
满足需求	相同或相近需求	感觉需求	个性化需求	价值需求
营销方式	规模化营销	整合营销	差异化营销	互动营销
营销目标	满足现实需求，具有相同或相近的消费者需求，使目标利润最大化	适应需求变化，并激发需求，追求各方互惠关系最大化	满足现实和潜在的个性化需求，培养消费者的忠诚度	讲究差异化和品牌价值
营销优点	直观性；可操作；易控制	注重消费者的需求；降低支付成本；为消费者提供便利；重视与消费者之间的沟通	满足消费者个性化需求；以客户满意为目标；重视无形要素的价值	经营体系实际有效；客户维系长久稳定
营销缺点	对消费者关注不足	优质低价的产品或服务很难实现；企业间的过度竞争会影响企业盈利	消费者数量减少；经营成本增加	企业需要具备一定的实力或特殊条件

活动二　认知数字互动营销的构成要素

数字互动营销的构成要素主要包括人、场、品、单。

1. 人

数字互动营销中的"人"既包括用户，又包括企业的推销人员、客服经理等人员。不同的人有不同的诉求，关注的信息内容也不同。良好的体验始于对人的个性化理解，这就需要借助用户画像来达成。营销领域的用户画像是企业重要的数据中台之一。数据中台是一种数据管理体系，其重要目标是支持各部门业务数据和提供计算服务。

2. 场

数字互动营销中的"场"是企业与用户进行互动的交互场景和企业营销活动的展现形式。交互场景有很多种形式，如网站、小程序、App等，每一种交互场景都是一个营销渠道。

不同的交互场景具有不同的特点，企业要以用户为中心，想用户之所想，为用户提供各种必要的场景，实行全渠道营销。从营销者的角度看，全渠道营销更利于实现高效率的数字化营销。在广告活动中，使用3个渠道以上的多渠道营销所产生的用户购买和参与率比单渠道营销高很多。

3. 品

数字互动营销中的"品"即营销内容，包括有形的产品、无形的服务、品牌和用户之间的互动、用户之间的社交互动、相关的资讯等。

4. 单

数字互动营销中的"单"是指企业与用户之间交流互动的记录与结果，如意向单、销售线索、订单、服务请求、用户评价等，这是营销活动中商业价值的流转、转化和体现。对企业来说，营销活动的目标是使用户满意、业务增长，这就需要通过各种"单"来实现。

活动三　了解数字互动营销的类型

随着互联网技术的发展，互动营销不再局限于线下与消费者的面对面互动。数字互动营销的类型多种多样，企业可以选择适合的营销类型来实现销售目标。

1. 内容营销

内容营销专注于创建和推广不同类型的内容，以挖掘潜在消费者并促成消费者购买为目的。内容营销是指企业通过输出和传播有价值、有相关性的内容，与消费者建立沟通渠道，传递品牌价值，最终提升品牌感知度和消费者忠诚度的营销方式。

优质的内容不仅有助于提高产品销量，还可以建立品牌声誉，提升消费者的信任度和忠诚度。企业进行内容规划时，要确保营销目标与企业总目标的一致性。一方面，创作有价值的内容吸引潜在消费者的关注；另一方面，要清楚内容营销并不是直接售卖产品，而是为销售"加速"，通过内容吸引消费者，将其引入销售渠道中。为了达到良好的营销效果，企业在进行内容规划时需要将内容类型、消费者类型和消费者购买过程相结合，确保每项内容都有具体的营销目标。

国产美妆"花西子"的内容营销之路

"花西子"品牌创立于 2017 年,首次提出"东方彩妆,以花养妆"的品牌理念,定位东方美妆。目前,花西子被誉为化妆品界的一匹黑马,引起了众多消费者的关注。在这个"内容为王"的时代,借助内容营销迅速抓住消费者不断被稀释的注意力是品牌营销的关键。"花西子"品牌发展的营销策略主要包括以下几点。

(1)差异化内容

花西子品牌无论是产品设计还是内容营销,都始终以传承中华优秀文化为己任,满足消费者对美妆的民族诉求,花西子以差异化国风内容进行营销,致敬经典,快速抢占消费者心智。例如,花西子打造广告"张敞画眉",将自己的产品"同心锁"口红与"螺黛生花"眉粉笔融入故事中,赋予产品以文化气息,润物细无声地抢占消费者心智。花西子通过讲故事的方式增进品牌与消费者的互动,增加企业品牌的热度与知名度。

(2)趣味性内容

趣味性内容能够有效提高消费者的注意力。花西子通过创造趣味内容,力求打造既有趣味性又符合消费者对展示中国妆容和东方美内容的心理,拉近品牌与消费者的心理距离。

例如,花西子塑造出品牌虚拟形象"花西子"(见图5-1),借助虚拟人物讲述品牌故事,以数字人为基础,对品牌形象和风格进行诠释传递。品牌虚拟形象相较真实偶像的内容力度可控性高。虚拟形象"花西子"既具有东方女子的古典美特征,又具备国际化的时尚感。

花西子品牌擅长用艺术美学的眼光打造产品包装,从不同角度挖掘中华传统文化,以彩妆的形式实现产品的可视化设计。例如,"苗族系列彩妆"以银色为主色设计,融合苗族图腾文化,不仅能够体现产品的个性特征,还能突出产品特性,给消费群体带来更多趣味,如图5-2所示。

图5-1 花西子品牌虚拟形象

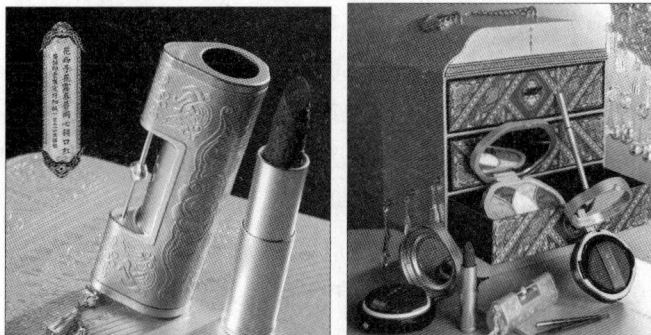

图5-2 花西子趣味产品包装

（3）融入传统文化

花西子致力于以中华优秀传统文化为根基，挖掘国风文化元素，打造独特的东方美学，设计了多款具有仪式感的产品，融入中华传统文化，实现传统文化的现代化表达。花西子作为国内美妆品牌，一直在通过行动表达自己对品牌愿景"打造让国人引以为傲的东方彩妆"的坚守。

花西子在产品溯源、品牌名称含义等方面都有讲究。"花"意为"以花养妆"。"西子"指西湖，亦指西施，希望我国女性"浓妆淡抹总相宜"，和西施一样光彩照人。品牌英文名为"Florasis"，表达品牌对消费者"都像花神一样美丽"的祝福。

（4）实现内容共创

花西子每款产品上线时都会招募上千名体验官使用，并回收体验报告，从而更新产品和品牌营销模式。这样做一方面有助于及时对产品进行升级迭代，另一方面有助于积累知名度和口碑，收获宝贵的用户原创内容和流量，鼓励消费者参与品牌共建。

（5）注重价值定位

针对目标消费者的特点及需求，花西子将产品信息、品牌价值和品牌故事相结合，用多样化的故事讲述方式个性化地传递给消费者，将内容共创上升到价值共创。花西子将便捷沟通、极致体验落实到内容营销的方方面面。例如，花西子通过官方客服和社群等方式进行私域触达，首先以发红包为由将消费者变为好友，然后邀请消费者进入社群。

在社群中，花西子日常利用高质量美妆内容、抽奖等活动持续促活，还会进行新款发布等活动。花西子与消费者保持深度关系，并及时根据消费者需求进行产品和策略迭代，提高单个消费者成长周期的价值。

花西子通过在美妆行业首创的"价值共创"模式，保证品牌与消费者之间的即时互动，消费者也通过这一过程满足功能性、社交性、自我性等需求。品牌帮助消费者实现更好的自己，反过来也让消费者对品牌更加信赖和拥护。

（6）重视消费者体验

花西子在推出每个新品前都会经过大量新品体验官的多次盲测、体验，根据每个消费者的反馈报告进行迭代更新，逐步形成了花西子的爆品路径：品质为王，对话消费者；慢工雕琢，快速迭代，保证每次产品上新时都能精准抓住消费者的需求，从而获得不错的口碑。

智慧锦囊："营销即内容，内容即营销"，企业若是想要牢牢吸引住消费者的眼球，在内容上就必须有效触达消费者的内心，增强品牌与消费者之间的黏性。花西子无论是在产品设计、广告营销还是价值认同等营销阶段，都深度挖掘消费者的个性化需求，注重内容的创意与新颖，将我国优秀的传统文化融入内容策划中，以国风定位为主线，逐步催生消费群体对产品的亲切感，创作出迎合不同消费群体的个性化需求的差异化营销内容。

2. 社群营销

社交网络的兴起为企业与消费者之间的沟通架起了一座桥梁，使消费者参与品牌价值的构建，消费者不仅是企业的客户，还是企业的传播者、推荐者与营销者。

社群营销是在网络社区营销及社交媒体营销基础上发展起来的消费者连接及交流更为紧密的营销方式，主要通过连接、沟通等方式实现消费者价值，营销方式更加人性化。企业通过构建社群将具有共同爱好的消费者集合起来，实现消费者与品牌的密切互动，把兴趣群发展成消费群，进而在活动促销、消费者了解等方面给企业带来巨大价值。

3. 口碑营销

口碑营销是指应用互联网信息传播技术与平台，通过消费者以图文、视频等表达方式为载体的口碑信息，来辅助产品、服务传播与推广的新型市场营销方式。口碑营销的特点是让消费者成为企业最真实的"广告形象"。企业可以利用互联网社交等形式建立低成本、高效率传播的营销渠道。

4. 事件营销

事件营销是企业策划者通过策划，组织和利用具有名人效应、新闻价值以及社会影响的人物或事件，引起媒体、社会团体和消费者的兴趣与关注，以求提高企业或产品的知名度与美誉度，树立良好的品牌形象，并最终促成产品或服务销售的营销方式。

策划事件营销可以借势策划，也可以自主策划。借势策划需注意借势时机要恰当，同时确保内容关联度高，即找准营销内容与借势事件的关联点，快速切入产品或品牌信息，进行关联性营销。自主策划应策划一件消费者参与度高的事件活动，激发消费者的情感或兴趣，吸引消费者的注意力。

5. 创意营销

创意营销是指企业策划者构思、设计并执行的完整的、创新性的营销活动。创意的产生是需要经历思考和反复打磨的，需要有明确的目标，对信息进行全面的搜集与筛选，通过构思在头脑中涌现出独特的创意，最终形成容易被消费者理解并接受的形式。创意营销的重点在于在视觉设计中融入更多创意，借此吸引消费者的关注，从而促进产品销售。

6. 视频营销

视频营销是一种以视频为主体，以内容为核心，以创意为导向，通过精细策划进行产品营销与品牌传播的营销方式，常见的视频营销形式有电视广告、网络视频、宣传片、微电影等。目前，视频营销作为一种主流的营销方式，在企业营销实践活动中使用的频率非常高。

与传统营销方式相比，视频营销具有目标精准、成本低廉、互动性高、传播更快、效果可预测等优势。

7. 体验营销

体验营销是以消费者为中心，以有形产品为主体，通过整合各种营销方式营造消费者忠诚，从而达到营销目标的一种营销活动。体验营销的核心理念是不仅要为消费者提供满意的产品或服务，还要为他们创造有价值的体验。

企业采取体验营销的具体做法是，允许消费者现场体验，感受特定产品或服务的特点与优势，激发消费者的购买欲望，促使消费者产生购买行为。目前，这种营销方式被越来越多的企业运用。

学以致用

请同学们根据平时关注的企业，举两个以上的数字互动营销活动的例子，并分析说明它们属于数字互动营销的哪种类型，效果如何。

任务二 数字互动营销的内容策划

任务描述

数字时代的内容主要是指网页上的文字、图片、视频、H5、音频、直播等，这些丰富的、易于被看到、用户感兴趣且方便存取的信息都属于数字时代的内容范畴。数字互动营销的内容指用户通过手机或计算机上网，通过读图文、看视频、听音频等形式了解到的产品或品牌信息。

李老师对小艾说，在数字时代进行数字互动营销，要先进行内容策划，包括做好内容定位、确定内容选题、确定内容表现形式、规划内容分发策略等方面。

任务实施

活动一 做好内容定位

数字互动营销内容策划的第一步就是做好内容定位。这个定位可以从4个方面来解读，即用户定位、场景定位、需求定位和差异化定位。内容定位可以用一句话来说明："该内容服务于某消费群体，应用于某场景，为了解决该目标用户的某个问题或痛点，为其提供某核心功能和服务。"

1. 用户定位

用户定位即描绘用户画像。不同的内容有不同的目标用户，按照不同属性、特征给这些人"贴标签"，并将这些"标签"一一描绘起来就形成了用户画像。"贴标签"就是对用户的特征进行分类、提炼、总结，有助于了解并掌握用户的需求与行为。

描绘用户画像的标签主要包括用户的基础属性、用户的行为习惯、用户的兴趣偏好和用户的观念信仰等，如表5-2所示。

表5-2 描绘用户画像的标签

标签	说明
用户的基础属性	用户的基础属性主要有年龄、性别、职业、身高、籍贯、体型、婚姻状况、教育状况、政治面貌、民族、住宅情况、家庭组成情况、健康状况、收入情况、资产情况、性格特征等
用户的行为习惯	用户的行为习惯主要包括作息习惯、卫生习惯、社交习惯、网络使用习惯、消费行为习惯、运动习惯、理财习惯、阅读习惯、思考习惯、养生习惯和交通出行习惯等
用户的兴趣偏好	用户的兴趣偏好包括颜色偏好、饮食偏好、休闲偏好、情感偏好、风险偏好、品牌偏好、宠物偏好、产品偏好、旅行偏好和设备偏好等
用户的观念信仰	用户的观念信仰主要包括对人生的理解（人生观）、对社会或世界的认知与看法（世界观）、对金钱和消费的态度与观念（价值观）

2. 场景定位

场景定位主要是分析确定用户阅读（或者收听、观看）内容的场景。阅读场景是指在一定的时间、空间内，用户基于一定的阅读目的产生阅读行为的具体场景。阅读场景主要包括4个基本要素，即阅读时间、阅读空间、阅读目的和阅读画面。掌握了这4个基本要素就可以对目标用户的阅读场景进行基本定位。

（1）阅读时间

阅读时间可以分为自然时间和行为时间。自然时间是根据自然环境来确定的时间，如小时、星期、月份、季节等；行为时间通常是根据目标用户的行为活动来确定的时间，如晨起时间、进餐时间、餐后时间、睡前时间、等车时间、乘车时间等。

（2）阅读空间

阅读空间主要有个人空间或公共空间。

• **个人空间**：家中、办公室、酒店、学校等。

• **公共空间**：地铁/公交/火车、候车室、图书馆等。

（3）阅读目的

不同的用户有不同的阅读目的，如娱乐消遣、知识积累、学习技能等。通过分析，企业要掌握目标用户的共性阅读目的。

（4）阅读画面

阅读场景本身就是具体的生活画面，所以描述具体的行为画面才能组成一幅完整的场景。画面可能与阅读姿势相关，如用户是站着阅读、躺着阅读或坐着阅读；也可能与用户情绪相关，如用户是焦急地阅读还是悠闲地阅读，是用心阅读还是一目十行的"快餐式阅读"等。

以上4个基本要素的交叉组合会为内容定位呈现出各种各样的阅读场景。例如，美食类教程的阅读场景可能是在准备餐点时，在厨房里，为了做指定的菜品；又或是在准备餐点前，在公共交通工具上，与家人分享某一菜式。对这些不同场景的定位与认知，能够帮助内容策划者更好地提升用户阅读体验。

3. 需求定位

需求定位即确定目标用户的阅读需求，常用的方法有两种，一种是分类法，一种是共性法。

（1）分类法

分类法是指根据内容的特征标签把内容划分为不同的模块，再按照用户画像和不同的阅读场景，将用户与内容进行关联。

（2）共性法

共性法是指通过梳理用户所需优质内容的一些共性，来为内容的方向选择提供参考。优质内容的共性主要包括有用、有趣、有情、有观点、有惊喜、有创意、有品位等。

最符合用户期待的内容既要满足用户的分类偏好，又要具有优质内容的共性特征。企业内容策划者应先梳理清楚用户需求，再做好内容定位。

4. 差异化定位

数字化时代，内容竞争越来越激烈，只有差异化内容才更能吸引用户的注意力，在营销市场上更具竞争力。内容差异化定位的关键点即"人无我有，人有我优"。

"人无我有"是指内容可以满足用户需求且具有稀缺性，即使网站的基础优化相对较差，其流量也会排在比较靠前的位置。

"人有我优"的意思是要避免内容同质化，要有自己的亮点特色。例如，竞争对手的网站内容如果以文字为主，那么自己的网站内容可以采用图文结合的方式或者以视频为主的方式，与竞争对手形成差异化优势。

内容的差异化定位可以从以下几个方面着手。

（1）适当的战略取舍

符合用户期待、满足用户需求的内容很多，"泛而全"的内容不如"小而精"的内容，差异化内容更容易让用户形成比较专注的兴趣点。因此，企业要做好战略取舍，做好细分市场规划，垂直深耕，取优舍劣，努力做到某一细分领域的最强。

（2）独特的视角

"横看成岭侧成峰"，对于同样的事情，从不同角度看往往会呈现出不同的面貌。视角决定创意，例如，"专家视角"带来的权威感和"朋友视角"带来的亲密感是有差异的，"平台视角"带来的专业感和"拟人化视角"带来的互动感同样也有区别。

企业应根据用户画像判断用户最希望获得的体验，并以符合用户期待的视角进行表述。差异化的视角能够给用户带来新奇的体验和感受，最终使内容形成自己的特色与风格。

（3）恰当的表现形式

同样的内容采用不同的表现形式，会给用户带来不同的阅读体验。在快节奏的生活状态下，很难有人沉下心来去感知文字的力量，越来越多的人喜欢看直播和短视频，人们的审美趋于视觉化、图像化、音频化。因此，企业应顺应时代发展的趋势，适时推出适合直播、短视频形式展现的内容，吸引用户的注意力。

（4）系统性内容的构建

构建系统性内容有助于在用户心智中形成具有规律的记忆特征，因此，企业内容策划者应注意系统性内容的构建，一方面注意内容之间存在着隐性的逻辑，将所有内容整合起来，能够使用户形成某一方面的系统认知；另一方面使内容形成一定的专题，通过对用户关注的某领域内容进行专题化的梳理，形成连续性、集成性的传播效果，最终扩大内容的影响力。

活动二　确定内容选题

数字互动营销的内容选题一般有4种，即产品深度内容、企业文化和故事、行业相关内容、与目标用户生活和工作相关的内容，如图5-3所示。越向外的圈层，其内容影响力与覆盖面越广，对内容策划者的知识广度要求越高；越向内的圈层，其内容带来的转化率越高，对内容策划者的专业深度要求越高。

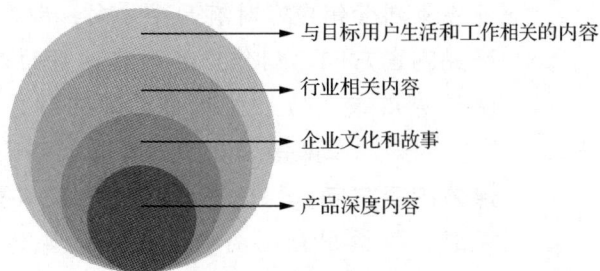

图5-3　内容选题的类型

1. 产品深度内容

产品深度内容不等于说明书，过多的专业术语会降低内容的可读性。企业可以通过联动销售人员、产品经理、工程师等人，将晦涩难懂的专业术语转换成通俗易懂的文字呈现出来。

2. 企业文化和故事

企业文化和故事包括了产品背后的理念、创始人的故事等，可以帮助企业在用户心中搭建更为丰满的品牌形象，赋予产品情感与温度。

3. 行业相关内容

行业相关内容包括行业的报告解读、趋势分析等，可以为用户提供有价值的信息，有助于企业在行业内建立权威性。

4. 与目标用户生活和工作相关的内容

这种内容选题的方式是通过结合热点、用户访谈等方式了解目标用户的兴趣和话题，然后确定内容选题。

内容策划者需要根据内容目标缩小选题范围，采用内容评估矩阵确定内容选题。面对众多内容选题，内容策划者要聚焦于少数对业绩增长有帮助的内容。

内容策划者首先根据企业的整体目标，尽可能多地列出内容选题，再根据目标用户的特征与偏好，删掉对用户没有吸引力的内容选题，然后将各个内容选题填入内容评估矩阵，最后筛选出效果最好的内容选题，如图 5-4 所示。

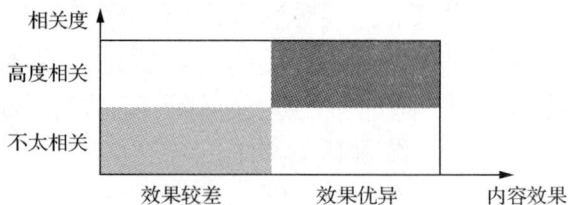

图5-4　内容评估矩阵

在内容评估矩阵中，横轴表示内容效果，如浏览量、点赞量、分享量等，内容发布前使用初步的预测数据，长期运营就需根据真实数据不断迭代。纵轴表示与目标的相关度，相关度越高，则说明内容越符合企业的目标。图 5-4 中颜色最深的方块就代表评估出的优质选题。

💡 知识窗

企业在策划营销内容时有两个方向，即产品内容方向和媒体内容方向。

- **产品内容方向**。创作产品内容的目的是最大限度地提高产品的曝光率，可以借势热点，巧妙植入自己的品牌，也可以通过良好的口碑进行宣传推广。例如，在微信公众号、微博、今日头条等媒体平台发布产品内容。
- **媒体内容方向**。媒体内容是将内容本身作为产品去打造，通过高质量内容吸引、凝聚用户，打造流量大的媒体平台，进而实现内容变现。例如，"十点读书"等微信公众号就是将内容作为产品进行运营，进而实现内容变现。媒体内容变现形式主要有广告软文、知识付费、周边产品等。

💡 **知识窗**

👤 活动三　确定内容表现形式

数字营销内容的表现形式丰富多样，有图文、视频、音频、直播、H5等。无论采用哪种表现形式，其本质都是内容的分享、传达，旨在用有价值的内容将品牌和产品或服务的信息传达给用户，给用户留下深刻的印象。

1. 图文

图文是图片与文字的结合，是常用的内容表现形式。文字是使用最为广泛的内容表现形式，可以直观地表达信息，准确传递信息的核心价值，而图片比文字具有更强的视觉冲击力。

数字互动营销中内容的表现方式可以全部是文字，也可以全部是图片，还可以是文字与图片的结合。图文表现形式既能鲜明地表达主题，又能快速提升用户的阅读体验，如图5-5所示。

2. 视频

视频是目前较为主流的内容表现形式，也是最为直观的内容呈现方式，能够更加生动、形象地展现内容，具有很强的吸引力，能够增强用户对营销内容的信任感，如图5-6所示。

图5-5　图文表现形式

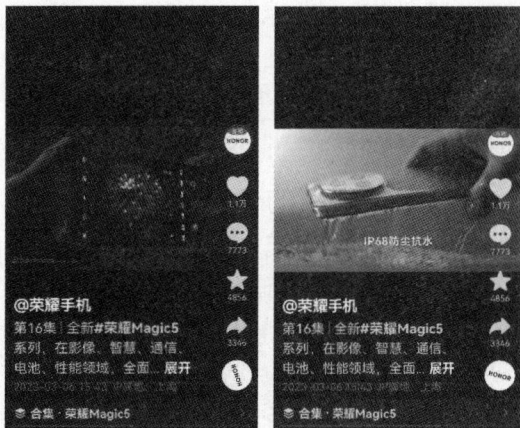

图5-6　视频表现形式

视频的表现形式有很多，如电视广告、网络视频、宣传片、微电影、短视频等。视频表现内容更加立体化，传播效果更好，但制作成本较高。

3. 音频

除了图文、视频，音频也是常用的内容表现形式。音频具有闭屏特点，能够更有效地让品牌信息触达用户。音频具有独特的伴随属性，可以解放人们的双眼，在更多的生活场景中发挥效用。以音频为表现形式进行内容营销时，周围环境应没有噪声，语音清晰，语速适当，语言简明，便于用户理解。

4. 直播

直播也是目前非常主流的内容表现形式。内容策划者要注意将有创意、有价值的内容，通过主播实时表达或表演的方式展现出来，以吸引用户的关注。直播形式能够给用户带来更真实、更直观的感觉，并且主播可以与用户进行实时互动，更能营造吸引用户购买的氛围，所以能够有效增强营销效果。直播的类型有很多，有带货直播、教学直播、娱乐直播等，如图5-7所示。

5. H5

H5是一种互动式的多媒体广

图5-7　直播表现形式

告页面，能利用各种创意设计进行营销，具有很强的互动性和话题性，可以很好地促进用户分享。H5的展现形式是综合的，主要用于品牌或产品的传播和推广。

H5具有跨平台、制作成本低、传播效果好的优势。H5的功能主要包括商业促销、互动活动、海报宣传、用户管理、电商引流等。

总之，内容的表现形式多种多样，企业要根据营销目标及实际情况选择适当的内容表现形式，也可以选择组合的方式；确定了理想的内容组合，还要策划好日期和频次，做好内容的设计与管理。

> **素养提升**
>
> 要想做好内容策划，内容创意非常关键。我们需要发现新的视角，找到新的切入点，这样创作出的内容才会新颖而独特，才能快速吸引人们的眼球，甚至收到立竿见影的效果。我们要主动融入目标群体中，成为他们中的一员，与他们主动交流，因为目标群体是创意的最佳来源。

活动四　规划内容分发策略

企业需要制定正确的内容分发策略，才能获得良好的内容营销效果。内容分发渠道可以分为 4 类，即自有媒体、分享媒体、付费媒体和赢得媒体，如图 5-8 所示。

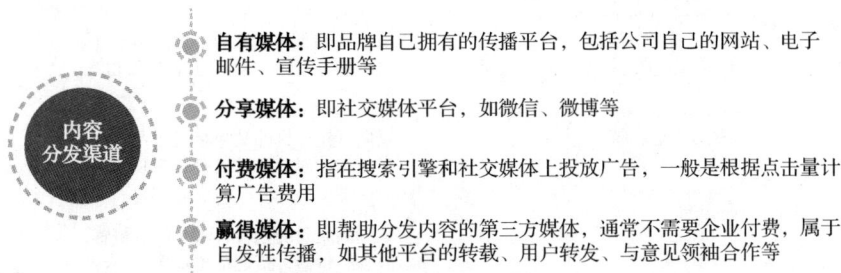

自有媒体： 即品牌自己拥有的传播平台，包括公司自己的网站、电子邮件、宣传手册等

分享媒体： 即社交媒体平台，如微信、微博等

付费媒体： 指在搜索引擎和社交媒体上投放广告，一般是根据点击量计算广告费用

赢得媒体： 即帮助分发内容的第三方媒体，通常不需要企业付费，属于自发性传播，如其他平台的转载、用户转发、与意见领袖合作等

图5-8　内容分发渠道

以前，付费媒体一直占主导地位，近年来随着社交媒体的发展，自有媒体和赢得媒体的重要性日益凸显。内容分发策略不能依赖单一媒体，而要综合多种媒体，搭建渠道矩阵。

企业应注重从自有媒体开始吸引流量，再通过分享媒体、付费媒体、赢得媒体不断放大内容效果，最后将各个渠道产生的流量汇聚到自有媒体，打造私域流量池。

企业制定内容分发策略的步骤如下。

第一步：在自有平台上创作并发布高质量、有价值的原创内容。这是内容分发过程的核心，具有巨大的价值和竞争优势。在巨头流量封锁的环境下，企业自己"接触受众"变得更加困难，这时候拥有一个自己的流量池就显得更加重要，而使用原创内容吸引目标用户注意力的能力对企业越来越有价值。

第二步：通过多种分享媒体分享内容，提高内容的复用率，放大内容效果，提高内容的曝光度。

第三步：通过付费渠道提高搜索排名，强化平台推荐。在社交媒体或搜索引擎上投入一定的预算，确保内容可以覆盖到更多目标用户。

第四步：在积累了大量流量，有了可以裂变的增量以及合作交换的资源后，通过赢得媒体进一步放大效果；通过与第三方媒体、意见领袖等建立长久的合作关系，提高内容的可信度。

企业选择的渠道组合需要根据内容分发的效果不断调整，衡量之后舍弃效果差的渠道，保留效果好的渠道，构建最适合自己的内容分发渠道。

学以致用

请同学们了解以下 2022 年比较典型的数字互动营销活动案例，分析其内容策划的关键，并进行连线。

东方甄选董宇辉直播营销	策划热点话题和社交营销，借体育赛事展现我国品牌的格局与情怀
蒙牛"要强"精神与世界杯同频共振	策划一则不用上班的"招聘启示"，通过创意营销引发话题度和关注度
魔方严选：招聘启引热议	反向营销，目的是唤起消费者的内心自省与深思，激发消费者的共鸣
京东图书：问你买书	策划高质量的内容，赋予产品情感、故事、价值，搭建情感链接

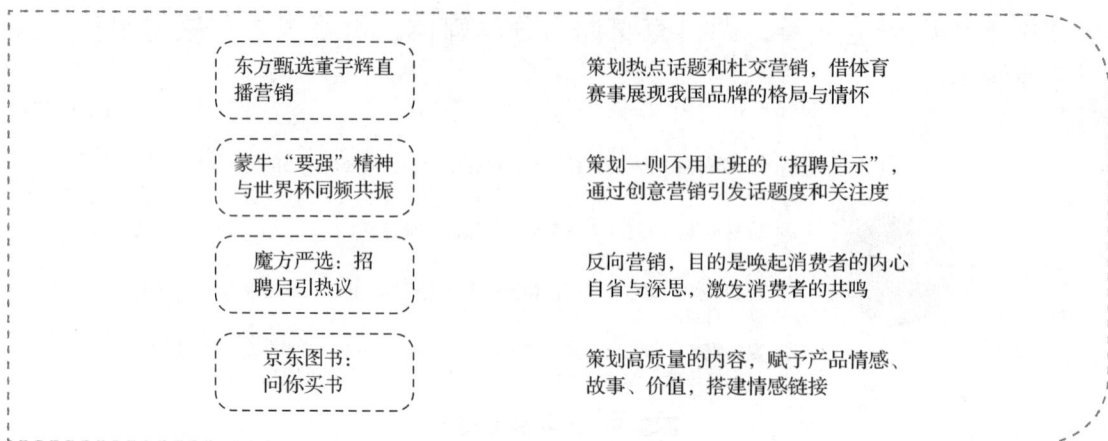

任务三　数字互动营销的实施与运营

任务描述

在娱乐化和碎片化越来越突出的时代，企业的营销方式也发生了巨大的变化，如何在提升营销效果的同时降低营销成本，是企业应当思考的一个重要问题。李老师对小艾说，在完成数字互动营销的内容策划后，具体如何实施数字互动营销活动也是一个值得深度思考的问题。企业需要正确实施数字互动营销，将营销内容植入广告宣传、促销活动、互动游戏，甚至与客户的任何沟通交流中，将企业的营销信息在无形中呈现给客户。

任务实施

活动一　确定互动对象

企业在实施数字互动营销的过程中，首先应明确互动对象，一方面确定互动对象是谁，并非所有的客户都是企业的互动对象，企业要有针对性地找出营销活动的互动对象，才能有效提高营销效果；另一方面分析互动对象的特征，他们有哪些显著特征，并据此了解并掌握其需求。

企业可以通过收集客户数据，然后对其进行特征分析来确定互动对象。

1. 收集客户数据

根据客户数据来源方式的不同，收集客户数据的途径有以下3个。

（1）直接收集

直接收集客户数据是指企业在经营管理或向客户提供服务的过程中直接记

录和获得数据信息。例如，客户开立账户时提交的身份信息；在线注册时输入的个性化信息；登录浏览页面时的点击记录；在线购物的商品交易支付记录；客服中心的通话记录；参与问卷调查的反馈记录等。

（2）间接收集

间接收集客户数据是指企业在经营管理或业务合作过程中间接获得的，如通过协议可以获得合作方收集和管理的直接数据，或者与合作方共同收集和共享数据信息，如多方联合发起的客户调查，与合作方交换的数据信息，与监管机构交换的数据信息等。这类数据虽然不是企业直接产生的，却是在经营或服务过程中与客户直接或间接接触的过程中产生或收集到的。

（3）第三方数据

每个企业都有一定的数据收集能力，但不同企业之间的数据收集能力差异很大，一些特别的数据必须由专门的机构收集。企业为了弥补自身数据积累的不足，经常需要通过查询、租用、交换或购买等方式利用第三方数据信息。

2. 分析客户特征

一般来说，分析客户特征的指标主要包括客户属性、行为特征、旅程轨迹和交易消费。

（1）客户属性

客户属性是用来识别客户身份和描述其背景、处境特征的指标，包括身份信息、联络信息、背景信息、地理信息、信用信息及历史信息等，如表5-3所示。

表5-3 描述客户属性的主要指标

属性指标	说明
身份信息	识别身份唯一性的信息，如姓名、性别、年龄、国籍、证件号码等
联络信息	手机号、微信号、QQ号、电子邮箱等
背景信息	与家庭、职业、受教育程度等相关的信息
地理信息	工作地点、家庭住所等与区域地理位置相关的信息
信用信息	信用评分、资信等级、收入水平、信用记录等
历史信息	上述这些信息在不同时期的历史记录和状态变化情况

（2）行为特征

行为特征是记录客户行为和描述客户行为特征相关的信息，包括设备信息、联络信息、浏览信息、内容偏好、位置信息、兴趣爱好、生活方式等与个人行为相关的指标，如表5-4所示。

表5-4　描述行为特征的主要指标

行为指标	说明
设备信息	使用设备的类型、品牌、型号、使用频率等
联络信息	客户与呼叫中心等进行的互动联络与服务信息记录
浏览信息	在线登录时间、浏览页面、访问深度等
内容偏好	内容类型、点击内容偏好、停留时间等
位置信息	登录网络IP地址、所处的地理位置等
兴趣爱好	经常关注和收藏的内容、评论互动偏好等
生活方式	习惯方式、个人态度、品位等相关信息

（3）旅程轨迹

旅程轨迹是客户在线上或线下发生的跨平台、跨渠道的交互行动路径与行为轨迹信息。在数字化时代，客户的每一个行为都能在系统上留下信息记录，这些信息整合起来就构成了客户的轨迹。描述旅程轨迹的主要指标如表5-5所示。

表5-5　描述旅程轨迹的主要指标

轨迹指标	说明
浏览路径	跨平台、跨渠道的客户轨迹信息
社交偏好	社交范围、朋友类型、分享内容类型等
互动内容	在线评论、讨论话题、分享内容、收藏信息等
社交表现	粉丝数量、登录记录、点赞行为、转发记录等
触发原因	引发客户行为的触发原因，如促销奖励、新品发布等
位置轨迹	基于客户位置和位置变化轨迹的地理围栏信息等

（4）交易消费

交易消费用于记录客户购买产品和使用服务的交易、消费或使用记录。客户画像中的交易消费信息主要是指静态的交易信息和行为记录，深度预测分析需要更加完备和连续的记录。描述交易消费的主要指标如表5-6所示。

表5-6　描述交易消费的主要指标

消费指标	说明
消费记录	客户购买产品或使用服务的记录信息
支付信息	客户使用的支付方式和支付条款等
消费特征	基于客户消费记录的消费特征信息
忠诚奖励	客户积累积分或兑换奖励的记录信息
服务记录	客户对产品或服务的故障报修或申诉的记录
服务交互	客户联络客户服务中心或申请在线服务的记录

企业通过数据收集与客户特征分析来找出营销活动的互动对象，应避免重复打扰已经明确拒绝互动的企业客户，尽量向对企业内容有兴趣的客户发起互动申请。

活动二 明确互动目标

在确定互动对象之后，企业还需要明确互动目标，为互动内容、互动形式、互动渠道的选择确定方向。互动目标主要包括以下几种。

1. 延长客户生命周期

客户生命周期分为 6 个阶段，即潜在客户、新客户、活跃客户、忠诚客户、不活跃客户以及流失客户，各阶段的互动目标如表5-7所示。企业应制定客户互动策略，提升客户生命周期价值，提高客户的活跃度，让活跃客户变得更加忠诚，同时重新赢回那些有流失倾向的高价值客户，发挥客户的最大价值。

表5-7 客户生命周期各阶段的互动目标

客户生命周期	阶段说明	互动目标
潜在客户	之前未购买过，但关注产品或品牌	建立连接，转化购买
新客户	第一次购买	促使他们回购
活跃客户	90天内至少购买过两次	保持互动，鼓励他们推荐他人
忠诚客户	持续购买	维系并加深关系，鼓励分享推荐传播
不活跃客户	90天内没有购买	重新建立客户互动
流失客户	6个月没有购买	重新激活客户

2. 维系现有客户

对于现有客户而言，企业可以从经济和情感两方面加强彼此之间的联系。首先，企业可以采取一系列互动营销策略，增加客户从企业采购产品或服务的金额及数量，以增强企业和客户的经济联系；其次，企业应加强与客户的情感联系，拉近企业与客户的情感距离。

3. 发展潜在客户

潜在客户是指那些有可能购买企业产品的消费群体。潜在客户包括同一市场中企业未来可能的购买者和企业竞争对手的客户。

发展潜在客户的目标如下。

• 扩大企业在潜在客户中的知名度。

• 增强潜在客户对企业产品或品牌的认同感与信任感。

• 鼓励并促使潜在客户产生购买行为。

企业在制定互动目标时，需要遵循以下原则。

- **具体性原则**。空洞的互动目标会让企业员工无所适从，从而降低互动效果。因此，互动目标必须是具体、实际的。
- **可实现性原则**。确定互动目标时，企业要考虑自身的资源和实力，结合现有客户和潜在客户的特点，保证设定的互动目标切实可行。
- **时间期限原则**。要明确实现目标的时间，以时间驱动互动任务的实施，同时根据设定的时间期限检查互动目标实现的状况。
- **多样性原则**。设计多个互动目标有助于从各方面增强互动效果。当设立多个互动目标时，这些目标应该相互联系、相互兼容，而不是相互矛盾，否则会导致目标难以实现。

活动三 选择互动方式

在数字营销活动中，客户互动已超越了时空界限，从直接的、面对面的群体互动拓展为以大规模的数字化媒体传输为手段的间接互动。互动方式主要包括内容互动、活动互动和广告互动。

1. 内容互动

内容互动使客户更个性化地参与了给他们呈现的内容，可以帮助客户认知品牌及企业文化，提供潜在的、深化的参与感，提升满意度。常见的内容互动形式如图5-9所示。例如，企业发表长篇内容，如白皮书或研究报告，应采用互动式电子书，创建一个可以帮助客户更快定位相关部分的导航索引，便于客户阅读。

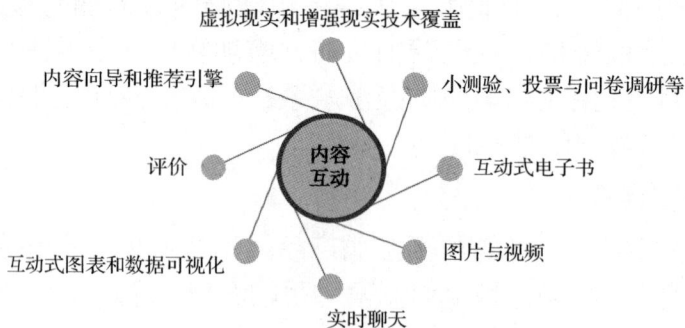

图5-9 内容互动形式

2. 活动互动

活动互动是指用互动的形式调动客户的积极性，促使客户参与到品牌的传播活动中来。开展互动活动的目的是希望客户转发、分享，从而扩大品牌或产品的知名度和影响力。

（1）活动互动成功的关键因素

活动互动成功的关键因素主要有以下5个。

- **满足需求**：营销的核心底层逻辑就是要满足并激发客户需求。
- **抓住人性**：设计活动时应抓住人们的心理。
- **盘点资源**：盘点活动中需要投入的人、财、物等资源。
- **优化流程**：活动流程要足够清晰，客户参与才能顺畅。
- **掌握"杠杆"**：活动互动追求的是以最小的投入获得最大的回报。

（2）活动互动类型

按照客户生命周期，活动互动可以分为拉新、促活、留存和转化等类型。

① 拉新

拉新主要针对客户量不够或新增客户量缺乏的情况，可以帮助产品吸引新客户，一般在产品上市初期和客户增长率下降的时候实行。拉新类活动主要有注册有礼活动、关注有奖活动等。

② 促活

促活是指提高客户在平台或产品上的活跃度，使其多次打开平台或产品页面，提升平台的日活量。

促活类活动主要有任务类活动、签到类活动和限时类活动，如完成每日任务或连续签到可以领取奖品或积分等。

③ 留存

留存是指针对曾经活跃的客户，进一步培养其使用习惯，提高平台留存率的活动，如积分兑换活动、储值有礼活动等。

④ 转化

转化是平台为了营收而设计的活动，目的是促进成交，如满减活动、抽奖活动、拼团活动等。

3. 广告互动

互动广告是一种全新的广告形式，它将趣味活动作为一个广告入口，点击进入后会呈现各种趣味性互动活动。客户主动参与这些活动就会获得相应品牌所发送的红包、优惠券、会员权益等福利奖励；若客户选择领取奖励，则会最终跳转到品牌广告落地页。广告互动最大的价值是挖掘出一个新的流量场景，并通过和客户互动交流的方法搭建企业和客户之间的沟通桥梁。

策划广告互动有两个关键点：一是游戏互动元素，即满足客户的好奇心，让广告具有可玩性；二是奖品与福利设置，即满足客户的利益诉求，使营销内容与客户关注点紧密结合起来。广告互动形式主要有悬浮图标、轮播图、信息流推送、开屏推送、客户中心推送等。

📖 **案例链接**

蒙牛特仑苏"2023更好出彩"限定款营销活动

2023年新年伊始，蒙牛特仑苏凭借一组有颜值、有温度的"2023更好出彩"限定装产品吸引了大量消费者的注意力。

一方面，广告设计从产品地缘优势出发切入消费者沟通入口。蒙牛特仑苏希望借着乌兰布和沙漠绿洲独特的生态优势，以及来自颜色的"治愈力量"，给予消费者朝着美好前进的动力，开启一场品牌与消费者的真情对话。

乌兰布和沙漠绿洲不止孕育了有机的牧草，还有金色的野兔、橙色的南瓜、白色的奶牛、粉色的肉苁蓉、紫色的苜蓿、红色的沙棘、黄色的向日葵。一幅幅乌兰布和沙漠绿洲绚丽多彩的生机画卷，配上能让人一眼联想到沙漠的木环保包装材料，能让更多人感知到人类在努力唤醒沙漠生机，以及大自然给人类的慷慨回赠，在潜移默化中累积了大众对这个系列的好感。蒙牛特仑苏沙漠有机奶的包装图案设计如图5-10所示。

图5-10　沙漠有机奶的包装图案设计

另一方面，产品包装上预埋互动窗口，撬动消费者进行深度参与互动。企业为沙漠绿洲中的植物和动物找到了一个专属的代表色，并附上一句非常时尚和有网感的谐音祝福。例如，橙色的南瓜，就是"新年一定'橙'"；黄色的向日葵，就是"一定要辉'黄'"等。这样的诠释不仅能在视觉上温暖大众，传递的内涵情感也很抚慰人心，从产品的图文设计上升到消费者的价值情感认同，如图5-11所示。

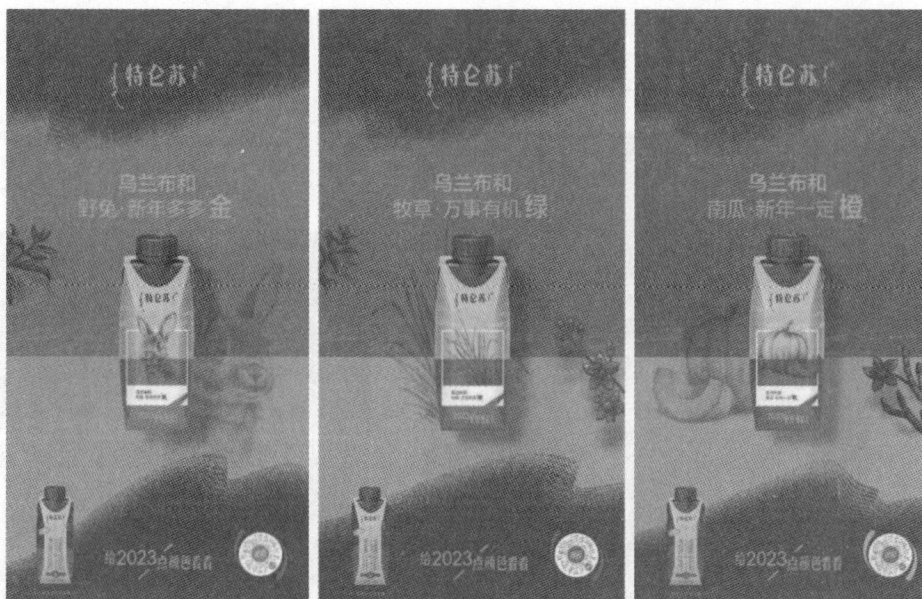

图5-11　沙漠有机奶包装文案互动

　　不仅如此，特仑苏产品包装上的留白，预埋了与消费者互动的窗口。品牌将瓶身作为画布，留出了"描绘你的出彩2023"空间，这些细节上的巧思，也让品牌的治愈力量变得更加可感可知，如图5-12所示。

图5-12　沙漠有机奶引导消费者绘画互动

　　特仑苏还在微博等社交平台上发起了主题为"给2023点颜色看看"的互动活动，如图5-13所示。活动结合品牌属性进行延伸、创作，将活动主张渗透进更多消费群体的观念中，撬动更多消费者参与互动。这样的活动氛围不但激发了消费者的分享欲望，也赋予产品社交属性，让产品成为春节的一种特殊的"社交"载体，实现了从精准触达到发酵破圈的转化。

图5-13　沙漠有机奶微博活动互动

智慧锦囊：企业选择新年为营销契机，策划互动营销，选择了内容互动、广告互动和活动互动的方式，吸引了众多消费者主动与品牌对话。特仑苏以产品为载体，借着在逆境中努力生长的动植物，用一种高级且温情的方式，激励和治愈那些身处逆境的人们，告诉他们只要朝着"更好"的方向努力，总会有所收获，从而促使消费者从产品认知上升到价值情感认同。与纯粹的卖点输出相比，这种柔性的态度以及故事化的呈现，不仅让理性的产品卖点实现感性表达，也牵动消费者产生强烈共鸣和情感链接。通过此次营销，特仑苏沙漠有机奶也以一种更加艺术化的方式被展现出来，让"更好"的有机产地、有机牧场和孕育出的"更好"营养连接起来，强化了消费者心中"高端奶"的共识，形成了独一无二的价值认知，成功拉开与其他品牌的认知距离。

👤 活动四　确定互动渠道

数字互动营销渠道很多，这里重点介绍社交营销、App 营销和小程序营销。

1. 社交营销

社交营销是一种基于社交关系的营销模式，用户参与程度高、互动性强、主题特定，有利于企业向用户传达品牌信息，尤其是用户间口碑传播的力量更能有效提升品牌传播效果。

社交营销的本质是"基于社交关系开展的营销"，因此社交营销的核心是关系营销。社交营销的重点在于建立新关系，巩固原有关系。任何企业都需要建立新的强大的关系网络，以支持其业务发展。

（1）社交营销的特点

社交营销的特点主要有以下几点。

- 直接面对消费群体，目标用户集中，宣传比较直接，可信度高，有利于口碑宣传。
- 制造销售氛围，投入少，见效快，有利于资金迅速回笼。
- 社交营销是真正符合网络用户需求的营销方式，有利于企业掌握用户的反馈信息，针对用户需求及时调整宣传策略和方向。

（2）社交媒体的分类

社交媒体指互联网上基于用户关系的内容生产与交换平台。目前，社交营销多数是通过社交媒体平台进行的，所以社交营销又被称为社交媒体营销。社交媒体平台主要有微博、微信、今日头条、抖音、快手等，企业可以选择与自身业务契合度高的平台发展，或选择多个平台打造社交媒体矩阵。

社交媒体分为核心社交媒体和衍生社交媒体。

① 核心社交媒体

核心社交媒体主要是以强关系、强连接催生更多用户互动内容的平台，其主旨是增强人与人之间的关系，帮助用户更好地了解并联结其他用户。这类平台不仅能平行覆盖多种场景下多种关系群体的不同社交需求，还能集中服务某些特定关系用户的社交互动需求。核心社交媒体的代表有微信、微博等，如图5-14所示。

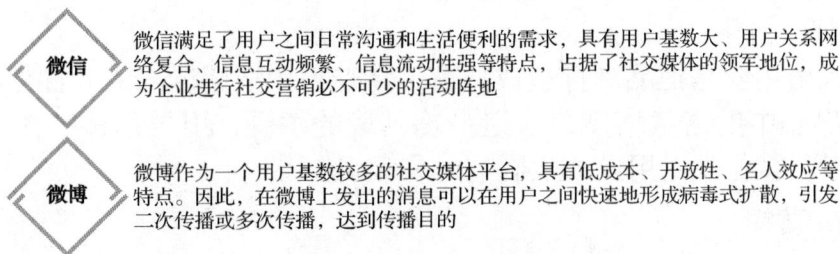

微信：微信满足了用户之间日常沟通和生活便利的需求，具有用户基数大、用户关系网络复合、信息互动频繁、信息流动性强等特点，占据了社交媒体的领军地位，成为企业进行社交营销必不可少的活动阵地

微博：微博作为一个用户基数较多的社交媒体平台，具有低成本、开放性、名人效应等特点。因此，在微博上发出的消息可以在用户之间快速地形成病毒式扩散，引发二次传播或多次传播，达到传播目的

图5-14　微信和微博

② 衍生社交媒体

衍生社交媒体主要是指以内容促成社交互动并引导用户关联的平台，其主旨是保持或增加用户黏性，获取流量。衍生社交媒体通过平台原生内容的维系，引导用户参与互动，加强品牌与用户之间的连接关系。衍生社交媒体的代表有抖音、哔哩哔哩等，如图5-15所示。

抖音具有即时性强、传播力强、精准度高、亲和度高的特点，成为众多企业进行视频互动营销的主要媒体，蕴藏了巨大的商业化能力

哔哩哔哩

哔哩哔哩是我国年轻人高度聚集的视频平台，很多企业将哔哩哔哩作为品牌焕新的场景与新品打造的场景，并逐步打造成互动视频营销阵地

衍生社交媒体

抖音

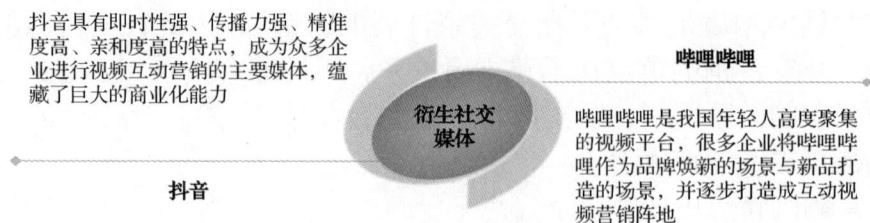

图5-15　抖音和哔哩哔哩

（3）实施社交营销策略

对于企业来说，社交媒体平台是数字互动营销的重要渠道。要想营销成功，企业需要实施社交营销策略。社交营销策略的实施步骤如下。

① 合理搭建场景

合理搭建场景是指在正确的时间、正确的地点、集中的需求环境下，把用户需求与企业打造的场景有机融合，为用户创造价值。

② 设计能激发共鸣的内容

内容是社交媒体实现快速传播的核心。内容营销能增强用户信心，促进产品销售。设计能激发用户共鸣的内容，可以更有效地吸引用户分享和传播营销信息。

③ 构建互动性社群

互动性强的社群能够帮助企业创造价值。社群营销就是基于相同或相似的兴趣爱好，借助某种载体聚集人气，通过产品或服务满足群体需求而产生的商业形态。

④ 强化人际传播连接

企业通过人际传播可以直接影响用户的购买决策。

⑤ 品牌人格化

品牌人格化就是把品牌打造成具有独特魅力和情感诉求的人性化符号，激发目标用户心中的潜藏情感，营造身临其境的感受，引导用户"对号入座"，让品牌在潜移默化中对用户产生影响力和吸引力。

2. App营销

App 营销指的是应用程序营销，是通过应用程序来开展营销活动，是整个移动营销的核心内容，是品牌与用户之间形成消费关系的重要渠道，也是连接线上线下的重要枢纽。

（1）App 营销的特点

App 营销的特点如下。

- **成本低**。与网络视频、电视相比，App营销的成本较低，企业只需设法开发属于自己的App即可。

- **精准度高。** App提高了营销的精准度。App一般是用户主动下载的，聚集了具有相似兴趣的目标群体。当用户主动开放相关权限时，App还可以通过收集手机系统信息、位置信息、行为信息等来识别用户的兴趣、习惯。
- **互动性强。** App提供了相较以往媒介更丰富多彩的表现形式，依托移动设备提供更好的操作体验，实现了高互动性。App打开了人与人的互动通道，在用户的互动和口碑传播中提升用户的品牌忠诚度。
- **黏性强。** App营销抢占的是用户使用手机的零散时间。App将品牌信息重复传达给用户，因此营造出超强的用户黏性。

（2）App营销模式

App营销模式主要有植入广告模式、用户参与模式和购物网站移植模式，如图5-16所示。

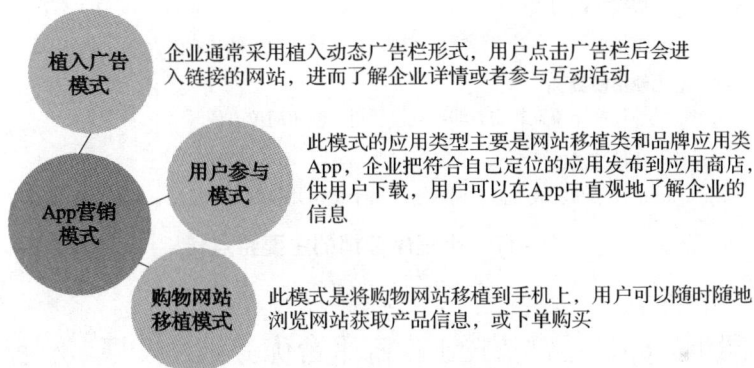

图5-16　App营销模式

（3）实施App营销策略

App营销范围越来越广泛，越来越多的企业开始实施App营销策略。App营销策略主要体现在以下几点。

① 用户体验创新

企业在实现用户体验创新的过程中，要从企业理念、战略和流程中进行充分融合，立足企业自身、产业链和社会共同发展，让创新活动步入良性循环，最终将用户体验创新转化成先进生产力和优质企业资产。

② 主体设计优化

App营销内容要以用户为核心进行设计和优化，可以从界面、性能、细节和功能等方面入手。界面是吸引新用户的基础；性能是留住用户的根本；细节是培养用户的核心；功能是营销成功的关键。

③ 增值服务延伸

企业在进行App营销时，除了给用户提供主要的产品外，还需提供产品以外的其他服务，为用户的生活提供便利，以维持长久的用户关系。

141

④ 线上线下联动

线上线下联动是指企业利用 PC 网站以及手机客户端的各种特色功能来吸引用户关注企业的产品，感受企业的服务，进而转移到企业的线下商店进行消费的一种电子商务营销模式。

3. 小程序营销

小程序应用随时可用、无须安装、用完即走、无须卸载，这种全新的应用特性加之根植微信平台，催生了全新的小程序营销模式。

（1）小程序营销的特点

小程序营销的主要特点如图 5-17 所示。

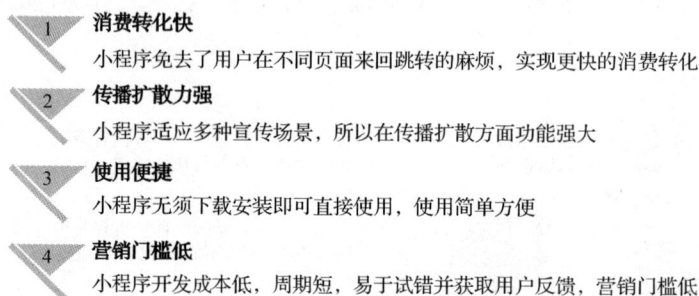

1 **消费转化快**
小程序免去了用户在不同页面来回跳转的麻烦，实现更快的消费转化

2 **传播扩散力强**
小程序适应多种宣传场景，所以在传播扩散方面功能强大

3 **使用便捷**
小程序无须下载安装即可直接使用，使用简单方便

4 **营销门槛低**
小程序开发成本低，周期短，易于试错并获取用户反馈，营销门槛低

图5-17 小程序营销的主要特点

（2）小程序的种类

小程序不同于 App，通常依托于自身平台优势迅速发展。小程序主要有微信小程序、支付宝小程序、百度小程序和头条小程序，如图 5-18 所示。

微信小程序	支付宝小程序
微信小程序是以人和内容为核心引发消费需求，通过小程序把开发者和用户连接起来，形成企业自己的私域流量	支付宝小程序拥有更多的自运营入口以及阿里巴巴其他平台的联动优势，目前场景主要集中于搜索、会场等中心化分发场景，非中心化场景主要集中在换量、线下等场景
百度小程序可以在百度App多种场景下使用，帮助企业持续触达精准用户，在数十款开源联盟App上获得多场景的用户触达	头条小程序为今日头条旗下各平台的内容服务，主打娱乐、游戏、电商，流量入口有文章详情页、小视频、账号主页等
百度小程序	头条小程序

图5-18 小程序的种类

（3）实施小程序营销策略

实施小程序营销策略的关键步骤如下。

① 多端部署

企业营销者要判断和考虑适合自己的平台，挖掘产品特色和平台优势的结合点。

② 数据驱动

企业可以通过全方位了解获客来源，多维度掌握用户的使用情况，实时查看分享回流效果等数据驱动方式，持续关注用户的行为价值和使用习惯。

③ 矩阵布局

首先，小程序本身并不是独立中心化的体验入口，而是有需求的用户通过搜索、分享等从外部带来的去中心化的流量。其次，将小程序在不同场景下拆分成多个功能点，可以扩大用户范围。最后，通过数据洞察不同平台用户的行为方式，反过来针对各平台用户的属性特征制定有针对性的运营策略。

④ 私域贯通

用户除了使用小程序，也有可能使用 App、微信公众号等。因此对于不同的端口，不同企业有着不同的贯通需求。私域贯通大致可以分为两种。

- **App端和小程序端用户的贯通**：利用好App端的授权登录功能和分享功能。在App端授权用QQ、微信、支付宝等账号登录后，后台提供一个可用于贯通多端用户的ID，用户只要登录，企业就能通过该ID直接知道用户是否在同时使用小程序和App。App端和小程序端都有分享功能，且两者已经实现统一。App端和小程序端用户的贯通可以协同企业在这两个渠道中的用户。
- **公众号端和小程序端用户的贯通**：用户在使用小程序时，小程序的某项业务可以引导用户关注公众号，以便于用户接收通知。

活动五 评估互动效果

评估互动效果不仅要看企业是否实现既定目标，还要总结互动过程中存在的问题，以指导后期互动营销活动的方案设计，形成有效的营销活动模板，便于企业进行常态化营销。

1. 认知评估指标

评估指标是业务与数据的结合，是统计的基础，也是量化效果的重要依据。评估指标分为内容效果评估指标、互动效果评估指标。

（1）内容效果评估指标

内容效果评估指标包括展示数据指标、转化数据指标、黏性数据指标和扩散数据指标。

① 展示数据指标

内容的展示数据是最基础的数据。它提供给企业营销者一个直观而基础的数据，用来展示内容被点击、被查阅的情况，分析内容是否给网站（产品）提供了相应的帮助。常见的内容展示数据指标有内容点击量、内容页面跳失率及内容页面停留时间等。

② 转化数据指标

内容的转化数据是比展示数据更深层次的数据，往往用于判断内容是否能够促进用户转化，例如，能否利用内容让用户从活跃转向付费。常见的转化数据指标有内容中付费链接点击次数、付费成功次数、内容页面广告的点击次数等。

③ 黏性数据指标

在评估展示数据时，如果进一步分析用户重复阅读的次数，那么结合每次阅读的停留时间，就可以得到黏性数据。常见的黏性数据指标有阅读页停留时长、单位用户阅读数量、用户重复活跃次数等。

④ 扩散数据指标

内容的分享频次和分享后带来的流量可以说明内容对某类用户的价值和作用。常见的扩散数据指标有分享渠道、分享次数、回流率等。

（2）互动效果评估指标

互动效果评估指标可以从"获客-促活-留存-转化-推荐"的环节来详细阐述，如表5-8所示。

表5-8 互动效果评估指标

阶段	评估指标	说明
获客	渠道曝光量	有多少人看到产品推广的线索
	渠道转化率	有多少人因为曝光转化成用户
	日新增用户数	每天新增用户数量
	日应用下载量	每天有多少用户下载了产品
	获客成本	获取一个用户所花费的成本
促活	日活量	一天之内，登录或使用了某个产品的用户数
	活跃率	某一时间段内活跃用户数与总用户数之比
	流失率	在产品使用的每个节点中用户的流失率
	访问量	页面浏览量或点击量
	独立访客	统计一天内访问某站点的用户数
留存	次日留存率	第一天新增的用户中，在第2天使用过产品的用户数与第一天新增的用户数之比
	第3日留存率	第一天新增的用户中，在第3天使用过产品的用户数与第一天新增的用户数之比
	第7日留存率	第一天新增的用户中，在第7天使用过产品的用户数与第一天新增的用户数之比
	第30日留存率	第一天新增的用户中，在第30天使用过产品的用户数与第一天新增的用户数之比

续表

阶段	评估指标	说明
转化	客单价	客单价=销售总额÷用户总数
	付费用户占比	付费购买产品的用户占总用户数的比重
	每付费用户平均收入	每付费用户平均收入=总收入÷付费用户数
	生命周期价值	平均一个用户在首次登录到最后一次登录这个时间段内，为该平台创造的收入总计
	销售额	销售额=用户数×转化率×客单价×购买频次
	复购率	复购率=一定时间内消费两次以上的用户数÷总购买用户数
推荐	转发率	转发率=某功能中转发用户数÷看到该功能的用户数
	转化率	计算方法与具体业务场景有关。转化率=（产生购买行为的用户人数÷所有到达店铺的访客人数）×100%
	广告转化率	广告转化率=点击广告进入推广网站的人数÷看到广告的人数
	K因子	用来衡量推荐的效果，即一个发起推荐的用户可以带来多少新的用户

2. 运用评估方法

为了更好地评估互动效果，企业营销者可运用 AARRR 模型分析法，有针对性地对互动营销活动的重要节点进行分析。AARRR 模型，即获客（Acquisition）、促活（Activation）、留存（Retention）、转化（Revenue）、推荐（Referral），分别对应客户生命周期的 5 个重要环节，如图 5-19 所示。

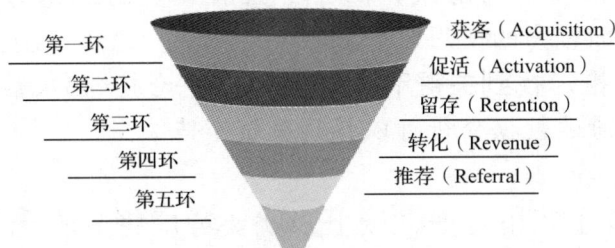

图5-19　AARRR互动效果分析模型

AARRR 模型是互动营销中常用的一种模型，也是一个典型的漏斗模型，可以用来评估连续的业务流程节点的转化率。从获客到推荐，整个 AARRR 模型形成了客户全生命周期的闭环模式。AARRR 模型通常用在流量监控、活动营销效果监控、App 运营、产品活动分析、产品转化分析等方面。企业营销者可以通过分析各个环节的转化率来优化互动营销效果。

（1）获客

从获客的角度来看数据，一般关注的重点会放在获客渠道、不同渠道的付费推广费用、下载量等数据上，根据这些数据再进行细致分析，便可以在获客环节上尽可能降低成本，同时增加获取的客户数量。

（2）促活

促活即激活客户，获取客户之后需要关注并提升客户对平台的第一印象及客户的基础体验，对应的一些数据包括注册率、注册后客户关注的功能数据等。如果在获客阶段已经有大量客户下载，但到这个环节注册客户数并没有达到预期目标，就需要针对注册流程当中的每一步进行数据分析，找出原因，对流程或页面进行优化调整。

（3）留存

当客户被激活后，接下来就要考虑如何提高客户的留存率，需要关注的数据主要是留存率，包括次日留存率、周留存率、月留存率等。在留存率的数据基础上，企业营销者还可以进一步分析，如次日留存率比正常水平高，周留存率却远低于正常水平，可能对于客户而言，平台针对新人的引导或者福利更有吸引力，但平台没有长期激励客户的机制，导致客户几天后就逐渐不再依赖平台。

客户激活与留存息息相关，必须放在一起分析，主要有 4 种提升方式。

- **有效触达，唤醒客户。**手机推送、短信和微信公众号提醒等能有效触达客户，提高客户的留存率。
- **采用激励机制，留存客户。**好的激励机制能够使客户产生黏性，提高留存率，常使用的激励方式包括会员制、签到制、积分制等。
- **发布优质内容，增加客户使用时长。**提高内容质量，如策划有趣的活动，提供玩法多样的游戏产品等，吸引客户的注意力，让客户参与进来，从而增加客户的使用时长。
- **利用数据反推，找到关键节点。**例如，评论超过3次后客户留存下来的概率很大，通过数据分析可以找到关键节点。

（4）转化

客户已经形成了使用习惯，接下来就要考虑将其转化为企业的付费客户。此时关注的数据需要体现出客户的黏性。如果发现某些客户的类似数据表现超出了平均水平，可以考虑用合适的方式通过产品设计将其转化为付费客户。

（5）推荐

企业平台发展到一定阶段后，一方面需要不断拓展渠道进行拉新，另一方面也要注意让老客户自发形成口碑式传播，向其他客户推荐企业平台和产品。这样做，无论是从成本方面还是品牌推广方面都会给企业带来良好循环。在这个环节，客户的忠诚度与客户推荐相关的数据是分析的重点，主要数据包括分享量、分享到不同渠道量、生成相应海报量等。

知识窗

企业常用的互动营销活动效果分析方法有纵向对比法、横向对比法、综合对比法、目标对比法等。

- 纵向对比法，通过对营销活动前和营销活动后指标变化的对比，判断营销活动是否有效果。
- 横向对比法，通过对活动组与对照组的数据进行对比，判断营销活动是否有效果。
- 综合对比法，将横向对比法和纵向对比法进行结合，用以判断营销活动是否有效果。
- 目标对比法，将互动营销活动的效果和开展营销活动前的目标进行对比，判断营销活动的效果是否达到预期。

知识窗

经验之谈

企业在实施数字互动营销活动时，要重视与客户的沟通与交流，在售前、售中和售后的各个环节都要加强客户对企业品牌与产品的认同感和满意度。首先，要帮助客户认知、识别产品信息，企业可以通过新媒体渠道向客户提供详细的产品信息及相关资料；其次，在内容策划阶段，要注意增强客户的参与感与互动性；最后，在整个营销过程中，要重视培养客户的忠诚度，即通过各种激励手段、奖励活动或问卷调查等，听取客户的反馈意见，做出相应的改进，以更好地服务客户，增强客户黏性。

温故知新

一、填空题

1. 数字互动营销的原理有_____、_____、_____和4R营销理论。

2. 数字互动营销中的_____是企业与用户进行互动的交互场景和企业营销活动的展现形式。

3. 在策划内容定位时，用来描绘用户画像的标签主要包括用户的基础属性、_____、_____和_____等。

4. 数字互动营销的内容选题一般有4种，即_____、_____、_____、与目标用户生活和工作相关的内容。

5. 数字营销内容的表现形式丰富多样，有图文、_____、_____、

_____、_____、H5 等。

二、选择题

1. 下列选项中不属于数字互动营销类型的是（   ）。

    A. 内容营销　　　B. 口碑营销　　　C. 柜台营销　　　D. 事件营销

2. 下列选项中不属于客户行为特征指标是（   ）。

    A. 联络信息　　　B. 心理因素　　　C. 兴趣爱好　　　D. 内容偏好

3. 下列选项中属于间接收集客户数据的是（   ）。

    A. 在线购物的交易支付记录

    B. 登录浏览页面的点击行为记录

    C. 与合作方交换的数据信息

    D. 第三方数据机构提供的数据信息

4. 企业在策划营销内容时有两个方向，即（   ）。

    A. 产品内容方向和媒体内容方向

    B. 广告内容方向和活动内容方向

    C. 产品内容方向和广告内容方向

    D. 广告内容方向和媒体内容方向

5. 属于转化环节中互动效果评估指标的是（   ）。

    A. 日活量　　　B. 活跃率　　　C. 转化率　　　D. 销售额

三、判断题

1. 数字互动营销中的"品"是指具体的产品。（   ）

2. 4P 营销理论是一种以消费者需求为导向的理论。（   ）

3. 策划数字互动营销内容的第一步就是确定内容表现形式。（   ）

4. App 是一种不需要下载安装即可使用的应用。（   ）

5. 一般来说，分析客户特征的指标主要包括客户属性、行为特征、旅程轨迹和交易消费。（   ）

四、简答题

1. 简述数字互动营销的构成要素。

2. 简述数字互动营销内容选题的类型。

3. 简述数字互动营销的主要渠道。

融会贯通

请同学们自由分组，4 人一组，完成以下任务。

（1）运用 4R 营销理论对企业进行分析。同学们在网络上搜索并阅读"2023品牌强国示范工程"的相关信息，从中找出 1 家数字化转型成功的企业，运用

4R营销理论对企业进行分析。

（2）从中找出3家企业，通过各种渠道搜集这3家企业近两年的数字营销案例，每个企业不少于2个，分析归纳每个案例使用到哪种数字互动营销类型。

（3）每组同学撰写一份完整的数字互动营销原理及数字互动营销应用的分析报告。各小组以PPT的形式对撰写的分析报告进行展示介绍。

（4）根据小组成员完成任务的情况，填写表5-9。

表5-9　数字互动营销案例分析的训练评价

评价方式	营销理论分析（3分）	数字营销案例搜集（3分）	内容逻辑清晰（3分）	PPT精美、解说精彩（1分）	总分（10分）
自我评价					
小组评价					
教师评价					

项目六

实施新媒体营销

职场情境

新媒体营销是在新媒体发展的基础上，企业通过新媒体渠道开展的营销活动。李老师告诉小艾，在如今这个信息发达的时代，新媒体营销对企业发展至关重要。新媒体营销可以理解为企业借助新媒体进行品牌塑造、产品推广的过程。

李老师说："其实新媒体营销一般都是围绕AISAS营销法则策划开展的。此法则的意思是通过引起消费者的注意（Attention），使消费者对信息产生兴趣（Interest），促使消费者主动搜索（Search）产品的相关信息，进而付诸行动（Action），产生购买行为，并通过网络进行分享（Share），凭借消费者的传播分享方式影响其他潜在消费者的注意，进而促使其产生兴趣、主动搜索甚至购买再分享，形成良性循环，给企业带来巨大效益。"

李老师告诉小艾，做市场营销要与时俱进，紧跟时代的步伐，接下来就进入新媒体营销阶段的学习。

学习目标

知识目标

1. 了解优质短视频内容的制作要求。
2. 了解主流的短视频营销平台。
3. 了解常用的短视频营销方法。
4. 了解直播营销的构成要素、平台类型。
5. 了解社群的构成要素、创建社群的步骤。
6. 了解社群营销的运行方式和变现方式。
7. 认识VR营销的特点及价值。

技能目标

1. 能够灵活运用短视频营销方法。
2. 能够针对产品进行直播方案的策划。
3. 能够创建社群并实施社群营销。

素养目标

1. 培养新媒体营销思维，增强对新媒体的兴趣，激发探索精神。
2. 培养人际沟通能力，提升新媒体营销的情感表达。

任务一 实施短视频营销

任务描述

在新媒体时代，短视频作为一种信息传播工具，具有良好的传播效果。与其他媒体渠道相比，短视频具有呈现形式独特、传播速度快、曝光度高、成本低等优势。在短视频如此火爆的今天，很多自媒体账号凭借有趣、有创意的作品吸引了众多用户。

小艾也经常刷短视频，但大部分时间是看轻松搞笑的内容，而不太关注与企业营销相关的内容。小艾觉得，自己将成为一名市场营销工作者，应该考虑如何才能让更多的用户观看并关注企业的营销短视频。

任务实施

活动一 策划短视频营销内容

短视频营销是指企业借助短视频的内容影响目标用户群体行为方式的一种

营销方法。利用短视频进行营销，关键是选对目标用户群体，创造有说服力、有吸引力的短视频内容。关于如何确定企业的目标用户，前面章节做过详细介绍，这里主要阐述如何策划短视频内容。

优质的短视频内容应当符合以下要求。

1. 标题吸睛

标题是影响短视频播放量的关键因素。标题就像人的名字，具有代表性，是让用户快速了解短视频内容并产生记忆与联想的重要途径。营销者在取标题时要想清楚短视频的内容到底要解决谁的什么问题，即目标用户的"痛点"。例如，抖音短视频账号"海尔智家"的一则短视频标题为"当代年轻人不需要学做饭也很会做饭，1秒解锁，变身智慧大厨"。

2. 画质清晰

短视频画质的清晰度直接影响用户的观看体验。短视频的内容再好，如果画质不好，也可能被用户跳过，得不到关注。优质短视频的画面清晰度高，色彩明亮，能够带给用户视觉舒适感。这不仅取决于拍摄硬件，也取决于短视频的后期制作。现在很多短视频拍摄和制作软件的功能齐全，能够辅助短视频创作。

3. 有用、有趣

有用、有趣体现了内容的价值性。用户观看短视频主要有两个原因，一是能够从中获取有用的信息，二是能从短视频中获得共鸣。因此，短视频的内容必须能够给用户提供价值或者趣味，而不能让用户觉得枯燥无味、不知所云。营销者在策划短视频内容时应注意真实性，向用户呈现真实的人物、故事，传达真实的情感，因为这样的内容更贴近生活，更能激发用户产生情感共鸣。

4. 内容新颖

企业选择短视频渠道进行营销，主要是想通过短视频的创意提高产品的曝光度和品牌的知名度。短视频要想获得更多的流量，必须新颖、有创意，无论是内容还是表现方式，都要突破原来的思维定式，通过独特的创意吸引用户的关注，引起用户的兴趣，从而获得裂变式的传播效果。

5. 人设鲜明

企业要注意打造短视频人设，确立内容创作方向，为作品贴上专属标签，并稳定地输出优质内容，保证短视频账号的内容垂直度。鲜明的人设能够形成特色标签，有助于塑造品牌形象，使短视频脱颖而出，给用户留下深刻的印象。

6. 音乐契合

视听是短视频的重要表达方式，其中音乐决定了短视频的整体基调。选择合适的配乐作为声音元素，能够更好地搭配镜头内容，增强短视频的信息传递效果。音乐的风格与短视频内容的风格要一致，音乐的契合度越高，短视频的播放效果越好；要注意卡点，短视频的高潮部分或关键动作要卡住音乐的节奏，使音乐和画面协调统一。

7. 制作精良

优质的短视频通常是经过多维度的精雕细琢的。营销者要在脚本策划、演员表演、短视频拍摄、后期剪辑等多个环节反复打磨，才能创作出具有吸引力的短视频。

> **经验之谈**
>
> 企业进行短视频营销的操作方式通常是将品牌或产品信息融入短视频内容中，通过剧情和幽默段子的形式将其展现出来，采用软植入的方式，不过多影响用户的观看体验，让用户不知不觉地接受企业或品牌，并促使其产生购买倾向。此外，用户还会因为对短视频内容产生共鸣而主动分享传播短视频，使品牌或产品形成裂变式传播。

活动二 选择短视频营销平台

目前，主流的短视频营销平台有抖音、快手、哔哩哔哩、西瓜视频、小红书等。

1. 抖音

抖音是目前最火的短视频平台，截至 2023 年 1 月，抖音用户数达 8.09 亿。它是企业进行短视频营销的首选平台之一。抖音于 2016 年 9 月上线，最初是一个专注年轻人的音乐短视频社区，经过几年的发展，用户数不断攀升，现拓展成为一个面向全年龄段的短视频社区，短视频内容也更多元化。抖音已经从一种娱乐方式变成人们的一种生活方式。

企业在营销时选择抖音平台主要因为以下几点。

- 操作便捷，创作门槛低，企业可以根据需要在平台上进行或简单或复杂的短视频创作与运营。
- 抖音是一个巨大的流量池，用户活跃度高，使用时间长，使用频次高，有助于企业增强用户黏性。打开抖音，系统默认用户进入"推荐"页面，有利于打造沉浸式体验。
- 抖音平台技术先进，通过智能算法实现短视频内容的个性化推送，吸引用户持续关注，并为企业定位精准用户，变现潜力大。
- 社交互动性强，用户在抖音平台可以与他人进行交流互动，满足用户的社交需求。

2. 快手

快手最初是一款处理图片和视频的工具，2012 年 11 月，快手从 "GIF 快手" 工具应用转型为短视频社区，2013 年 7 月正式更名为 "快手"。快手是记录和分享生活的平台，比较注重真实、生活化，"真实、有趣、接地气" 是平台的调性。"普惠、简单、不打扰" 是快手的产品理念。

快手是目前短视频行业的 "领头羊" 之一，平台对内容创作者的扶持力度较大，新手创作的短视频也可以获得一定的用户流量。

企业在营销时选择快手平台的理由如下。

- 快手以 "去中心化" 思想为主要运营策略，实行 "流量普惠" 策略，保护创作者的利益，激励创作者创作。
- 快手拥有大量的普通用户，其目标用户主要是三线、四线城市和农村的用户。
- 快手重视用户的消费体验，采取封闭的电商体系，曾先后提出 "源头好货" "品质好物" 概念，遵循 "好货要真而不贵" 的第一法则，不断完善供应链体系。

3. 哔哩哔哩

哔哩哔哩创建于 2009 年，现发展成为拥有动画、游戏、生活、娱乐、时尚等多领域的综合类视频平台。哔哩哔哩是一个聚集年轻用户的优质短视频平台，涉及范围广、包容性强，为长视频、短视频的发展提供了良性的生存环境。

企业在营销时选择哔哩哔哩平台主要因为以下几点。

- 平台目标用户以年轻用户群体为主，在哔哩哔哩平台采用接地气的交流方式，更容易帮品牌 "圈粉"。哔哩哔哩的社区氛围以及它独特的沟通语境，让品牌有了得天独厚的优势，有助于凸显品牌的人格化魅力，展现品牌的温度和人情味，品牌可以更好地与用户产生情感纽带。
- 用户观看体验佳，学习氛围浓。独特的弹幕文化可以很好地满足用户在观看视频过程中的社交和互动需求。
- 借助圈层营销效应，实现内容精准触达。年轻消费群体的圈层化是一个非常重要的现象，不同的产品对应不同的细分市场，而这些细分市场是由不同圈层组成的。哔哩哔哩已经形成了海量的文化标签和核心文化圈层，能够帮助品牌在更多、更精确的场景中实现对消费者的触达与转化。
- 建立有成本的投币机制，构建良性内容生态。哔哩哔哩智能推荐的算法侧重关注数优化，除了点赞、收藏外，多了一个投币功能，粉丝投币代表对UP主的喜爱和支持，粉丝的认可和支持也可以帮助品牌筛选出更适合的合作对象与内容。同时，以UP主为核心的路径为哔哩哔哩构建了良性内容生态，平台、UP主和粉丝之间也有了深度沟通的情感连接，形成了品牌与消费者沟通的捷径。

4. 西瓜视频

西瓜视频是北京字节跳动科技有限公司旗下的一款个性化推荐视频平台。用户只要在短视频账号中开通商品功能，就可以直接在短视频内容中植入商品链接进行销售。选择西瓜视频运营既能赚取平台收益，又能实现流量变现，更有利于建立品牌效应，为企业日后多元化赢利奠定基础。

企业在营销时选择西瓜视频平台主要因为以下几点。

- **内容专业度高**。西瓜视频可以说是视频版的今日头条，拥有众多垂直分类，内容专业度高。
- **精准匹配**。西瓜视频能够根据用户兴趣精准匹配内容，致力于打造"最懂你"的短视频平台。
- **横屏展现形式**。如今竖屏市场竞争激烈，而西瓜视频专注于横屏市场，一方面横屏展现形式便于制作团队的创作，另一方面横屏展现形式在短视频的题材范围、表现方式、叙事能力等方面更有优势。
- **资源丰富**。西瓜视频拥有丰富的影视和综艺短视频资源，能够更好地满足用户的多样化需求。

5. 小红书

小红书是以社区形式起家的生活方式平台和消费决策入口，用户可以分享自己的消费体验，在平台引起互动，从而带动消费。小红书通过机器学习对海量信息和用户进行精准、高效匹配。

企业在营销时选择小红书平台主要因为以下几点。

- 小红书的目标用户群体以年轻用户为主，他们对新鲜事物的接受能力强，消费意愿和消费能力较强。
- 小红书的核心竞争力是"笔记"，以图文、短视频作为"笔记"形式，主打各种潮流好物，有利于激发用户的购买欲。
- "种草效应"引发消费潮流。在小红书，年轻女性用户通过分享穿搭、化妆技巧、品质好物等内容来传达一种追求品质生活的理念，引发其他女性用户模仿追随。
- 目标精准，带货能力强。小红书本身就是"推荐好物"的平台，大多数用户来到小红书的目的是寻找好物，所以该平台在转化能力上具有先天优势。

👤 活动三 确定短视频营销方法

企业运营短视频的最终目的是营销，掌握短视频营销方法能够帮助企业做好产品或品牌的宣传与推广，使营销获得良好的效果。常用的短视频营销方法包括以下几种。

1. 广告植入法

企业借助短视频开展营销活动，经常采用广告植入法来植入产品或品牌信息，在植入过程中要考虑既不打扰用户，不影响用户的视觉体验，又让用户看到并注意到产品信息，这就要求运用合理的广告植入方式。

广告植入方式主要有台词植入、道具植入、场景植入和奖品植入，如表6-1所示。

表6-1 广告植入方式

广告植入方式	说明	植入技巧
台词植入	台词植入是指通过演员之口将品牌或产品名称、特点等信息用比较直白的方式传达给用户	此方式简单直接，但植入的广告台词和剧情台词要衔接恰当、自然
道具植入	道具植入是将产品作为一种道具，呈现在视频画面中，从而在用户观看视频时进入用户的视野	道具出现得不能过于频繁，也不能有太多特写镜头，避免喧宾夺主
场景植入	场景植入是将品牌或产品作为场景背景进行布置，通过故事的逻辑线条把品牌或产品的信息自然而然地呈现给用户	场景植入要注意合理、自然，不能让用户产生突兀感，还要让用户记住品牌或产品
奖品植入	奖品植入是指在短视频中将产品以奖品的形式呈现给用户，这样的优点是能够很好地引起用户的关注、转发和评论，并让更多的人在有意或无意间注意到产品的存在	在植入过程中，要注意好玩、有用这两点，这样才会吸引用户积极参与互动和讨论

2. 话题营销法

短视频营销的关键是促进短视频的有效传播，增强企业与用户之间的信息交流与沟通，进而提高产品、品牌的知名度，达到促进营销的效果。短视频营销本质上是在社交营销基础上的迭代和升级，核心在于与用户的互动。话题营销法就是企业策划一个能够引爆用户群体的社交话题，吸引用户在话题讨论中逐渐熟识品牌和产品，进而做出购买行为。

企业营销者通过短视频策划社交话题时，需要围绕以下几个方向来进行。

（1）用户最关切的问题

策划社交话题需围绕用户最关切的问题展开，因为只有用户最关切的事情才能引起用户的积极关注与讨论热情。

（2）热门话题

热门话题是能激发人们强烈讨论热情的话题，主要包括国际国内时事要闻、社会现象、新鲜事物，以及涉及好人、好事、好风尚的社会正能量事件。

（3）争议性话题

争议性话题是指针对某一话题，不同的人持有不同的观点，无论哪种观点都不能快速判断其是非对错。越是有争议性的话题，越能激发用户的讨论，持有不同观点的人会极力证明自己观点的正确性。

在短视频营销时代，企业要懂得运用社交话题开展内容互动，为短视频聚集人气，提升短视频的关注度，以达到推广引流的效果。

3. 情感营销法

情感营销法是指企业寻找与品牌契合度较高的"红人"资源融入短视频创作中，通过"红人"为品牌和用户搭建情感纽带，以此提高品牌的曝光量，吸引更多目标用户关注。"红人"往往自带流量，红人资源主要是那些意见领袖、网络达人、知名艺人等。

（1）意见领袖

意见领袖是某个群体中的权威人士，他们是某个群体中人们非常信任的人物，能够对群体成员的购买行为产生极大的影响。意见领袖对品牌传播信息具有概括加工和解释功能、扩散与传播功能，对于群体成员而言具有支配和引导功能、协调或影响功能。意见领袖在引导用户与品牌建立情感关系方面的作用很大。

（2）网络达人

网络达人在视频领域知名度很高，拥有庞大的粉丝群体。如果企业能够借助其强大的影响力帮助品牌或产品与用户构建情感关系，营销效率就会有极大的提高。

（3）知名艺人

随着短视频的发展，越来越多的演艺界名人出现在短视频中。许多企业意识到知名艺人参与短视频营销所蕴含的价值，邀请他们参与品牌宣传或产品推广的短视频录制。知名艺人的粉丝多，流量巨大，企业邀请他们代言，可以在一定程度上让知名艺人的粉丝转化为品牌的粉丝。

4. 娱乐营销法

如今，观看短视频已经成为人们一种重要的娱乐方式和生活习惯。因此，企业借助短视频开展营销活动时，应当注重娱乐化的特点，将娱乐融入营销活动中，以更好地为流量变现赋能。

企业在策划短视频营销内容时，要在与用户互动时设计趣味性、娱乐性较强的内容，提高内容的吸引力，这样才能引导用户积极参与，强化品牌在用户心中的印象。

企业在运用娱乐营销法时，关键要考虑以下 3 点。

（1）产品娱乐性

在短视频中植入产品的场景有很多，如果在产品曝光时赋予内容笑点、奇特点，就能促使用户对产品的记忆更深刻。

（2）话题娱乐性

短视频内容有很多对时下热门话题的讨论和互动，在这类内容中融入与产品相关的有趣的话题讨论，更容易与用户建立起密切的关系。

（3）知识娱乐性

知识对于很多人来说可能是枯燥的，被赋予一定的娱乐性以后，人们会更容易接受并学习。企业可以考虑用新颖、独特和有创意的方式向用户分享专业知识、科普知识、冷门知识等，如娱乐性的互动类游戏，这样短视频内容会更容易被用户接受和传播扩散。

例如，必胜客借助大热的全民知识互动答题活动作为短视频内容，巧妙地将品牌名植入题目中，让用户通过紧张、有趣的答题活动加深了对品牌特性的认识。

📖 **案例链接**

国产品牌鸭鸭羽绒服，销售实现百倍逆袭

鸭鸭羽绒服是国产服饰品牌，成立于1972年，专注羽绒服50年，线下店铺遍布全国，如图6-1所示。鸭鸭长期专注制作羽绒服，因高性价比而受到用户喜爱。但在前些年，由于众多竞品出现，鸭鸭羽绒服逐渐被同行超越，有数据显示，鸭鸭市场占有率最低时不足5%。这个老牌的羽绒服品牌几乎被广大消费者遗忘。

近几年，鸭鸭羽绒服依靠短视频、直播营销等新媒体营销渠道实现逆袭翻红。从2021年开始，鸭鸭在抖音、快手等短视频平台上开通账号（见图6-2），并发布短视频进行营销。

图6-1　鸭鸭线下实体店

图6-2　鸭鸭抖音、快手官方旗舰店账号

数据显示，2022年，鸭鸭羽绒服在电商渠道的商品交易总额（GMV）成功达到了百亿元的规模，两年时间内销量实现百倍增长。不仅如此，鸭鸭羽绒服在抖音平台的官方旗舰店开启的单场直播的GMV突破5 000万元。在之前的抖音电商节，鸭鸭更是以上线60小时销售额就破亿元的成绩创造了一个全新的销售记录。

老牌国货鸭鸭迎来第二春，其成功逆袭的原因主要有以下几点。

（1）产品性价比高，适合短视频平台

鸭鸭羽绒服的高性价比特点比较符合短视频用户的消费特征。

（2）搭建品牌账号传播矩阵

鸭鸭羽绒服在抖音和快手等平台布局了大量账号，这些账号不仅发布的内容不同，直播也不同步，做到了不同账号独立运营。

（3）抓准时机，多平台多账号齐发力

每年9月份，我国部分地区开始降温，鸭鸭羽绒服在9月入驻快手并开始在全平台全天候直播，发布大量短视频为直播间导流，抓住羽绒服销售的先机，抢先一步占领市场。

不论是在抖音还是在快手，鸭鸭羽绒服的不同账号都发布了大量短视频，以向直播间导流，某些账号甚至每天发布6个以上的短视频。

智慧锦囊：随着时代的发展，企业的营销策略也要与时俱进。鸭鸭羽绒服作为我国老牌的服饰品牌，及时布局短视频、直播运营，加入新媒体营销的新赛道。一方面，优化内容运营，创作并发布短视频营销内容；另一方面，加速布局账号矩阵，多账号运营，同时提供高性价比的产品，并提供优质的售后服务与管理，增强用户的信任与黏性，还通过多方导流，为直播营销打下基础，实现了销量快速提升的营销目标。

任务二 实施直播营销

任务描述

2022年，直播营销告别野蛮生长，旧格局不断瓦解，新秩序开始诞生。货架电商日益盛行，品牌自播和商家自播崛起，虚拟主播成热点。2022年，直播电商用户规模达4.73亿人，增速放缓，趋于稳定。

直播营销的高转化吸引各行各业的大小企业纷纷入局，造就了直播营销行业的繁荣，直播营销迅速成为很多企业标配的营销工具。为了更好地实施直播营销，小艾先了解了直播营销的构成要素、直播营销的平台，以及直播营销的策划和实施。

任务实施

👤 活动一 认知直播营销的构成要素

直播营销是一种基于直播媒体的新型营销方式，它不同于传统营销，传统营销是以"货"为核心，围绕"场"进行布局，吸引"人"前来购买；而直播营销是以"人"为核心，进行"货"和"场"的布局，有效重构了"人、货、场"

三要素，更符合现代用户的购物体验，是一个更加高效的新型商业模式。

1. 人

直播营销构成要素中的"人"指用户与主播。用户是直播营销的基础要素，直接决定着一场直播的营销效果。主播是直播营销中的关键人物。

一个合格的主播需具备以下能力。

- 熟悉商品，掌握专业的商品知识，能够熟练地展示商品优点。
- 有鲜明的特色、人设、风格及个人魅力。
- 能够恰当运用直播话术，感染用户，激发用户产生购买欲望并做出购买行为。

2. 货

"货"指直播间销售的商品。直播营销中的"货"涉及主播选品，主播需要考虑"有什么货源""粉丝需要什么"等问题。选品的原则是选择低价、高频、刚需、展示性强、标准化高的商品。在此基础上，选品时还要尽量满足以下几点，以获得良好的营销效果。

- **符合定位。** 所选商品符合直播间定位和主播人设。
- **亲测好用。** 主播只有真正用过，才能深度了解商品，才能把真实的体验分享给用户。
- **优化品类组合。** 主播可以将不同商品进行组合，以保障直播间的收益。
- **售后有保障。** 主播选品时要选择有售后保障的商品，以便于为用户提供完善的售后服务。

3. 场

"场"即直播场景。直播场景是为连接"人"和"货"而设计的，如主播的位置、商品的摆放等。搭建怎样的直播场景更有助于主播与用户实时互动，并能引发用户的购买欲望，促使用户产生购买行为，这些是直播团队在进行直播场景布局时需要重点考虑的问题。直播间的布置与直播营销的商品密切相关，合理布局才能使直播营销更有感染力和说服力。

🎁 **学以致用**

请同学们自主选择观看一场直播，如服装直播、美妆直播、食品直播等，试着分析直播构成三要素以及三要素的特点，了解主播营销话术的特点及直播场景的特点差异。

👤 活动二　选择直播营销平台

直播营销可以理解为企业或品牌商等借助直播营销平台来触达用户，让用户了解企业产品各项功能及品牌信息，从而实现购买的交易行为。按平台性质和特征不同，直播营销平台可以分为 3 类，即电商直播平台、内容直播平台和社交直播平台。

1. 电商直播平台

电商直播平台是以电商为主的直播平台。这类直播营销平台主要是通过在电商平台上开通直播间，引入直播主体进行直播营销，如淘宝直播、京东直播等。

（1）淘宝直播

淘宝直播是阿里巴巴推出的直播平台，定位于消费类直播，用户可以边看边买。淘宝直播是较早的直播电商平台之一，具有完善的供应链和运营体系。与其他直播营销平台相比，淘宝直播平台用户的购物属性强，用户基数大、黏性强。淘宝直播的商品品类齐全，涵盖服装、美妆、家装、珠宝饰品、生活电器等。

淘宝直播的直播主体更加多元，直播场景更丰富，商家自播占比较高，达人主播的直播内容占比较小，直播场景由固定的直播间扩展到工厂、田间、档口、商场、街头、市场等。随着直播的发展，淘宝直播的"内容＋电商＋服务"新生态呈现出前所未有的活力。

（2）京东直播

京东直播是京东推出的消费类直播平台，定位于"专业＋电商"，致力于建立完善、健康的机构达人生态，开放全域流量，打破直播流量困局，平等对待大小主播，为直播行业树立了新风尚。

京东直播的特点如下：直播内容多元化；高流量曝光，京东直播通过主会场站内搜索推荐或站外联动，形成高流量曝光的全场景直播；京东的供应链优势较为突出，京东直播成为目前数码类新品发布的重要渠道。

2. 内容直播平台

内容直播平台是以内容创作为主的直播平台，主体是以抖音、快手为代表的短视频平台，具有"社交＋内容创作和推广"的性质。

（1）抖音直播

抖音最初是短视频平台，随着直播的发展，抖音完善了直播电商的生态闭环。抖音直播营销以内容"种草"为主，聚焦年轻人潮流个性的生活态度，平台调性让"内容种草＋直播带货"成为品牌品效合一的最佳组合营销方式。

抖音平台适合带货的商品品类主要包括服装、日用化妆品等，这些商品一般属于冲动型消费品、时尚消费品、大众消费品，基本是店铺上新和产地直销。

（2）快手直播

快手是兼具社交属性的短视频平台，依靠内容聚集了大量用户，越来越多的企业或品牌商加入快手直播中。快手直播不仅是企业清理库存的渠道，随着新品发布的增多，企业已经开始认可快手在产品下沉和拉新方面的独特魅力。

快手直播平台的"暖春计划"以百亿流量扶持中小企业在线经商，在房产、美妆、家具、服饰、美食、酒旅等行业进行专项扶持。企业选择快手直播平台，能够更快地拓展其产品与品牌的影响力，比起自建流量池，实现快手公域流量的有效获取是企业直播营销的快捷渠道。

快手直播以服饰鞋包、美妆、食品、珠宝玉石等商品品类为主，这些产品包括大众消费品、品牌商品、性价比商品、新奇特商品。目前，快手电商平台的闭环生态系统得到进一步的拓展与加强。

3. 社交直播平台

目前，具有社交特色的直播营销平台主要有微信直播、微博直播等。

（1）微信直播

2020年，微信视频号上线直播功能，同步实现直播营销功能。微信视频号是基于私域流量建立的，主播进行直播营销时可以自主运营，无须支付费用，同时可以通过朋友点赞等方式进行广域传播，从而更好地利用微信社交圈的流量资源。

（2）微博直播

微博作为直播营销领域的后来者，借助名人的影响力打造和其他平台差异化的直播营销模式。主播借助微博不仅可以营销商品，还可以把娱乐内容的优势与直播结合起来，进一步发挥直播的作用。目前，主播可以将微博直播的流量导入微博小店，或者导入淘宝、有赞、京东等第三方电商平台。

不同直播电商平台输入和输出的内容特点不同，企业可以从多个方面进行综合考量，根据自身条件和资源做出选择。3种类型的直播营销平台的对比如表6-2所示。

表6-2　直播营销平台的对比

项目	电商直播平台	内容直播平台	社交直播平台
代表平台	淘宝、京东	抖音、快手、哔哩哔哩	微信、微博等
平台特征	电商属性突出	内容+娱乐+社交	社交属性强
直播模式	淘宝商家自播+达人直播模式兼具，京东培育垂直化主播	短视频+直播带货，达人直播为主，打榜、连麦等	微博主要是话题热搜+直播+名人背书，微信主要是公众号+小程序直播
流量来源	公域流量	抖音偏公域，快手、哔哩哔哩偏私域	微信流量获取偏私域，微博流量获取偏公域
主播属性	头部主播高度集中	培育垂直化主播	微信头部主播较分散，微博头部主播较集中
用户特征	购物目的和需求明确	以娱乐为主，购物次之	以社交沟通、休闲娱乐为主，购物为辅

续表

项目	电商直播平台	内容直播平台	社交直播平台
商品特征	商品品类丰富、供应链体系完善	以品牌商品或白牌商品为主，商品品类较丰富，供应链质量参差不齐	以垂直类商品或白牌商品为主，商品品类较丰富，供应链质量参差不齐
商品成交模式	在电商平台内实现商品交易全流程	用户点击商品链接后，有时需要跳转至第三方电商平台完成交易	微信平台的直播，用户可在平台内完成商品交易；微博平台的直播，通常会跳转至第三方平台
商品转化率	较高	较低	较低

经验之谈

公域流量通常是直播营销者都可以触达的流量，主要是平台自身的流量；私域流量是指直播营销者自主经营管理的流量，如个人直播间的流量、个人微信号的流量等。相较于公域流量的高运营成本，私域流量的运营成本低且转化率高，但私域流量最初大多来源于公域流量。

活动三　策划和实施直播营销

一场成功的直播需要经过前期的准备与精心策划，然后根据策划方案进行实施。

1. 直播方案策划

提前策划好直播方案，才能使直播顺利开展。做好准备工作，才不至于在直播过程中手忙脚乱。

（1）明确直播目标

策划一场直播活动，首先要明确直播目标。一场直播营销活动的目标通常包括产品和用户两个方面：产品目标可以用量化的数据来表示，如产品销售量、销售额等；用户目标主要是围绕用户对产品的体验感受、对品牌或产品的认可度等方面，表现出来的核心目标即直播间用户数、账号新增粉丝数、关注数等，以及一些不可量化的目标，如用户对直播间的评价，对主播的喜爱与认可程度等。

（2）确定直播主题

直播主题是一场直播的核心。策划主题要注意两点，一是主题要结合热点，与热点结合得好能给直播带来更多的流量。营销者要注意深刻挖掘热点所代表的核心内容和价值，并将其与直播内容深度结合，形成直播内容的亮点，同时要注意热点的时效性；二是要重点突出主题，直播主题既要突出产品的独特性，又要确保内容贴近生活，如在化妆品直播中发布夏季防晒技巧。

（3）确定直播时间

直播的时间安排也很重要，它直接影响着直播的营销效果。确定直播的开始时间与时长，要根据账号定位及目标用户群体观看直播的习惯来确定。企业需要注意的是直播作为一种长期的运营方式，要有固定的直播时间，直播的规律性能够帮助用户养成观看习惯，增强用户的黏性；同时，还要把握好直播的时长，不宜太短，也不宜太长，应根据直播主题内容与用户画像特征来确定。

2. 直播过程实施

直播过程实施即主播向用户介绍产品的过程，这个过程是一个典型的产品销售过程，可以将营销领域比较成熟的 FAB 销售法则运用到直播营销中。FAB 销售法则是一个典型的利益推销法则，具有具体、高效、操作性强的特点。FAB 销售法则具体内容如表 6-3 所示。

表6-3　FAB销售法则

FAB	说明
F（Features）产品属性	F指产品属性，包括产品的外观、质地、原产地、材料、制作工艺、规格包装等，主播可以从多个角度挖掘产品的属性
A（Advantages）产品优势	A指产品优势，即由产品属性带来的产品功能、作用等，特别是区别于同类产品的独特优势，给用户提供购买的理由
B（Benefits）购买利益	B指购买利益，即产品能够给用户带来的价值或者如何满足用户的某些特定需求，简单来说，就是产品的优势带给用户的好处

直播过程实施可以从文字介绍和产品展示两个方面来进行，如图 6-3 所示。

（1）文字介绍

在文字介绍方面，主播要注意语言要浅显易懂、简洁、清晰，确保用户听得明白、理解准确。文字介绍主要是依据 FAB 销售法则进行拓展讲解，主要内容如下。

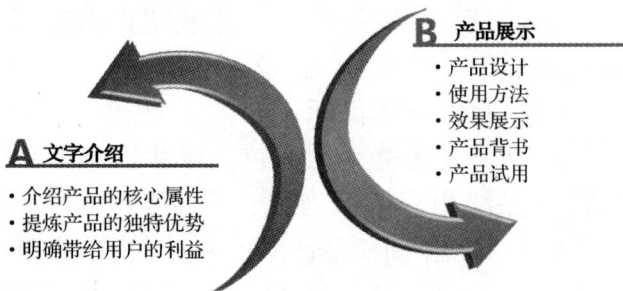

图6-3　直播过程实施

① 介绍产品的核心属性

每一种产品都有很多的属性特点，有些属性是与竞品相同的，可以称为"通性"，有些属性是本产品独有的，称为"特性"。主播进行产品介绍时，要着重介绍产品的特性，以区别于同类产品的属性。

例如，当介绍一款保温杯时，主播可以强调产品独特的外观设计、轻便易携、材质更安全、保温时间更长久等特性，而避免一直介绍保温杯的构造、使用方法等用户不感兴趣的内容。

主播可以从多个角度挖掘产品的核心属性，如产品成分、产品功能、品牌故事等。产品的核心属性必须满足目标用户的某种需求，如食品的安全需求、日用品的实用需求、人际交往的情感需求等。

② 提炼产品的独特优势

确定产品的核心属性后，营销者可据此提炼这些属性带来的产品优势。提炼的产品优势必须能够切中用户的关注点，这样才能有助于打动用户，促使用户下单购买，提高销售转化率。产品独特优势的提炼可以从多个角度进行，如图6-4所示。

③ 明确带给用户的利益

在直播营销中，明确产品能够带给用户哪些利益是非常重要的环节，可以这样说，对产品属性与优势的介绍是为了更好

图6-4　从不同角度提炼产品的独特优势

地说明产品带给用户的利益或价值。让用户清楚拥有这件产品后将获得哪些益处，可以促使用户产生购买欲望。

例如，在直播间销售一款 T 恤时，主播采用 FAB 销售法则，按照产品属性、产品优势、购买利益的顺序来介绍产品。

- 纯棉质地，吸水性强，面料柔软，不产生静电，易洗易干，舒适耐穿。
- 网眼布，织法挺直，不易皱，透气，舒服。
- 红色鲜艳，穿起来显得特别有精神；蓝色清爽，穿起来整洁大方。
- 小翻领款式，简单自然，典雅大方。
- 配合人体设计，手伸高、弯腰不会露背，保持仪态，穿着舒适。
- 十字线钉纽，不易掉扣子，更耐穿。

主播从面料、特殊工艺、颜色、款式、设计细节等方面进行产品讲解，语言显得生动，有说服力，更容易打动用户。FAB 销售法则可以应用于任何一款产品的介绍，对于主播把控直播间产品介绍环节有非常大的帮助。

（2）产品展示

在直播带货时，有些产品适合用语言来描述，有些产品则需要通过展示来辅助讲解。主播可以根据产品的功能特点、应用场景、使用方法等采用不同的产品展示方式，以吸引用户的注意力，延长用户在直播间的停留时间，有效促进产品销售。

产品展示方式有很多种，如展示产品的外观设计、使用方法、制作技巧、

使用效果、背书文件、试用场景等。

产品展示能够让用户更全面而真实地了解产品，让用户更清楚产品的优势特点，提高用户对产品的信任度，提升直播营销效果。

例如，主播推荐某种食材时，可以通过展示食品制作方法、烹饪过程、试吃等方式，让用户深度了解产品，拉近用户与主播的关系，促进产品销售转化。

> **素养提升**
>
> 在新媒体时代，无论采用哪种营销方式，营销者都要具备正确的价值观，保护消费者合法权益，提供优质的产品。要不断提升自身的职业法律意识，遵守职业道德规范和相关法律法规，选择正规的营销渠道，守法经营。

任务三 实施社群营销

任务描述

社群营销是基于社群成员间相同或相似的兴趣爱好，利用某种载体聚集人气，通过产品或服务满足群体需求而产生的一种营销方式。社群营销的载体不局限于微信及各种线上平台，线下的平台和社区也可以做社群营销。社群营销是以人为中心，以消费者的心理、行为、兴趣为出发点进行营销。

李老师对小艾说，目前社群营销已经普及和成熟，越来越多的企业都在布局社群营销，所以学习社群营销也很有必要。小艾意识到自己对社群并不是太了解，于是开始重点学习社群营销的知识。

任务实施

活动一 认知社群的构成要素

社群的构成主要包括五大要素，即人、结构、输出内容、运营和复制，如表6-4所示。

表6-4 社群的构成要素

构成要素	说明
人 （同好）	社群是以人为基础的，具有共同兴趣爱好的人是社群的核心要素，建群都有一个目标，每个社群都有一个主题，并且这个主题是大家都认可的
结构 （社群体系）	社群的存在与发展离不开结构规划，营销者要对社群进行合理规划。社群结构包括组成成员、交流平台、加入规则和管理规范等，结构规划得好，才能确保社群稳定运营与长久存活

构成要素	说明
输出内容 （社群价值）	营销者建立社群，要注意给社群成员持续不断地提供有价值的内容，才能确保社群长久保持活跃并持续发展
运营 （社群发展）	社群的运营管理决定着社群的存亡与发展。营销者要注意在社群管理的过程中持续给社群成员建立"四感"。 仪式感：让成员觉得自己备受重视，如进群条件、奖励惩罚制度等。 参与感：社群成员积极地参与社群建设，共同营造健康、活跃的社群氛围。 组织感：社群成员职责明确，分工协作，执行到位。 归属感：组织线上或线下活动，保证社群凝聚力，给予社群成员归属感
复制 （社群规模）	复制社群，裂变扩大其规模。一个健康的社群一般具有强大的复制力，企业可以根据实际情况，扩大社群规模，多建几个社群同时运营

💡 知识窗

社群营销的价值主要体现在以下 3 个方面。

- **传达品牌温度**。品牌的树立是一个长期的过程，塑造的品牌形象必须被受众广泛接受并长期认同，而以社群形态进行营销便于企业直接展示产品的鲜明个性和情感特征，让用户感受品牌温度。

- **刺激产品销售**。共同的价值观以及每天的社群营销活动能够激发社群成员的购买冲动，企业通过社群发布产品的信息或者发起售卖，可以实现个性化的产品销售。

- **维护用户黏性**。在传统营销中，产品售出后，除了退换货，企业似乎和客户断了连接。社群则是要圈住用户，让其更深度地参与企业产品的反馈升级以及品牌推广，把用户当成自己的家人来爱护，从而使用户爱上企业，主动为品牌宣传。

💡 知识窗

👤 活动二　明确创建社群的步骤

对于如何创建一个完整的社群，营销者要有一个明晰的思路。创建社群要按照以下 8 个关键步骤来进行。

1. 明确创建目标

无论是个人还是企业，创建社群都有其目的，明确一个细化的目标有助于指导社群的后期运营工作。目标是建群的动机，目标可以是后期销售产品、提供服务、打造品牌或树立影响力。例如，营销者可以策划一个使命宣言，展现在社群显眼的位置，并且群主一直坚持这种陈述，这样更容易吸引认同该使命的人，还能清楚地告诉他人该社群的主题。

2. 确定成员同好

确定成员同好，即进行社群成员定位，对社群成员进行画像。例如，旅游爱好者、读书爱好者、运动爱好者等基于共同爱好形成社群，他们在社群中发挥同伴效应，相互激励，共同成长，一起完成更多有意义的事情。企业通过分析社群成员画像，有助于社群后期的运营管理与活动策划。

3. 选择社群平台

选择一个适合的社群平台是很重要的。例如，微信、微博、QQ 等是常见的社群平台。营销者要评估这些平台的优缺点，根据企业自身目标和受众来选择合适的平台。

4. 创建社群内容

一个社群主要包括社群名称、介绍、标签、图像等。为了让更多的用户加入社群，营销者要尽可能详细地填写社群介绍，让他们对社群有一个清晰的了解。

5. 精选社群成员

社群成立后的第一批成员称为种子用户，他们在社群运营中起着至关重要的作用，甚至决定着社群运营的成败。因此，营销者必须精选社群成员，确保这些成员是社群最热心的支持者，以后社群传播要通过种子用户来实现。

6. 持续运营社群

营销者在运营社群时要注意持续输出价值，制定裂变机制，利用种子用户的社交圈快速壮大社群队伍，同时引导社群成员深度参与，建立社群成员之间的情感连接，使社群成员与社群和其他成员建立感情，产生信任感。

7. 重视社群变现

营销者应根据产品或服务的特点，持续在社群中发布有价值的内容，引导社群成员参与讨论，积极发言。营销者要选择恰当的变现方式，使社群成为活跃并有价值的群，促使社群长久稳定发展。

8. 定期举办活动

营销者要定期组织社群成员进行线上或线下的活动，如网络研讨会、聚会、参观等，这样可以加强社群成员的凝聚力和互动性。同时，还要定期监控社群的活跃度、成员数量、反馈信息等，这样可以更好地了解社群的情况，及时调整策略，以提升社群营销效果。

活动三　确定社群营销的运行方式

在移动互联网时代，企业应抓住社群的优势，有效开展社群营销，发展自身业务。社群营销的运行方式主要有以下几种。

1. 培育意见领袖

企业在开展社群营销时要重视培养意见领袖，意见领袖必须是某一领域的专家或权威人士，这样才能推动社群成员之间的互动、交流，增强社群成员对企业和品牌的信任感。

2. 提供优质服务

企业可以通过社群提供实体产品或某种服务，以满足社群成员的需求，其中尤以提供服务最为普遍，如会员服务、咨询服务等，这些免费服务对大部分用户有较大的吸引力。

3. 打造优质产品

无论是在传统的工业时代还是在移动互联网时代，产品都是销售的核心。大部分企业做社群营销的核心依旧是产品。企业只有打造有创意、有卖点、独特、优质的产品，才能通过各种营销方式获得用户的青睐。

4. 扩散口碑传播

企业在打造出优质产品后，要考虑恰当的展现方式。企业开展社群营销，要重视社群成员之间的口碑传播。社群成员的口碑传播能够快速获得用户对企业或产品的信任感，而且口碑传播非常容易扩散，传播能量巨大。

5. 选择开展方式

社群营销的开展方式多种多样。例如，企业自己建立社群，做好线上、线下的交流活动，与部分社群中的意见领袖合作开展活动等。企业只有重视社群营销，策划合适的营销活动，才能达到良好的营销效果。

活动四　选择社群营销的变现方式

社群营销的最终目的是实现社群变现，社群的价值需要通过社群变现来体现。企业在实施社群营销时要注意选择恰当的变现方式。社群变现主要有以下几种方式。

1. 产品变现

目前很多产品型社群在运营过程中，鼓励社群成员参与到产品的设计和制作等环节，建立企业与社群成员之间更深层次的相互信任。社群成员在认可社群价值的同时也会认可社群品牌的自有产品。社群产品主要分为实物类和内容类。实物类社群产品是有形产品，内容类社群产品主要指培训、服务等无形产品。

对于实物类产品，社群在运营过程中会通过各种方式展示实物产品的各种特点和优势，让社群成员更加了解和认可产品；对于内容类产品，社群可通过知识 IP 的打造，塑造意见领袖的个人形象和社群的专业优势，从而推出相关的专属知识内容。

2. 服务变现

社群服务变现的本质在于给用户提供更加专属、有效的价值输出，主要可以采取收取会员费的方式来实现。这种变现方式主要是社群通过免费方式尽可能多地聚集精准成员，然后设置会员费的门槛，对社群中比较活跃和忠诚的用户提供专属的社群增值服务，以满足他们的需求，从而实现服务变现。

3. 电商变现

电商变现指把社群当作一种销售渠道，任何与社群成员相关的产品都可以通过社群推广，电商平台是用户与垂直品类产品的交流通道。但是，如果在社群成立之初，目标就是销售产品的话，往往起不到很好的效果。例如，"罗辑思维"先靠知识类内容吸引用户，把用户聚合在一起后才开始做电商，以实现高精准、高互动，终于爆发出价值，这是社群电商深度运营的结果。

4. 广告变现

广告变现方式适用于人数较多的社群，也叫流量变现，主要是营销者通过收取渠道费的方式给他人做广告，或者代理他人的产品，从中获取分成。无论是实物产品，还是虚拟产品，都可以使用这种方法。当然，如果产品足够好，但是缺乏推广渠道，也可以用这种方式从其他社群获取流量。

5. 会费变现

营销者建立社群时可以设置一定的进群门槛，例如，用户必须向社群支付一定的费用才能加入社群、参与社群活动、享受社群服务等。社群不同于粉丝群，它是有着共同目标和价值观的人群集合，只有经过筛选才能保证社群质量，因此会费变现也是一种行得通的变现方式。

> **素养提升**
>
> 营销者要有敏锐的洞察力与敏锐的嗅觉，及时抓住热点话题与事件，巧妙融合营销内容，凭着借势或造势制造病毒性扩散传播，快速提高产品或品牌的知名度。营销者要自信，首先确保自己对产品有信心，这样才能说服用户购买，其次还要保持执着的信念和高度的工作热情。

> **学以致用**
>
> 请同学们分享并讨论自己加入了哪些社群，这些社群采用了哪种运行方式，变现方式如何，并说一说你对这些社群的运营管理有什么感受（优势和劣势）。

任务四　实施VR营销

任务描述

　　虚拟现实（Virtual Reality，VR）营销，又称 VR 全景营销，是顺应时代发展的一种新兴的营销模式，目前正在逐渐渗入营销的各个领域。VR 营销是指运用虚拟现实技术创造出沉浸式、全景式的营销体验，从而吸引用户关注，提高互动性，并促使用户产生购买行为的一种全新的营销方式。

　　小艾对 VR 营销的认知较少，因为她在平时生活中并没有注意企业是否使用 VR 营销。李老师对小艾说，VR 营销是市场营销的一种新趋势，与之前的营销模式相比，VR 营销能够带给用户更加生动和身临其境的体验，使用户全方位感知品牌形象，从而提高品牌的知名度，扩大品牌的影响力。

任务实施

👤 活动一　认知VR营销的特点和价值

　　VR 营销可以简单地理解为通过 VR 全景来实现营销目的。VR 全景其实是一种视觉体验，它带给用户的体验更直观、冲击力更强，这样的内容形式更容易加深用户的印象，促使用户对品牌形象形成认知，从而产生购买行为。

1. VR营销的特点

　　与传统营销相比，VR 营销具有以下优势。

　　（1）营造视觉冲击力

　　企业利用 VR 技术来传达品牌理念时，用户只需戴上 VR 眼镜，在视觉上就会出现一个封闭空间，由此企业便可以向用户传递具有品牌视觉冲击力、符合目标用户审美偏好的视觉图像。

　　（2）打造沉浸式体验

　　VR 营销可以为用户打造身临其境的产品体验，佩戴 VR 眼镜后，用户可以不受外界的干扰，全身心地沉浸虚拟场景中，感受到企业要传达的各个细节与服务。通过 VR 营销，企业可以将其文化与品牌理念轻松传递给用户，建立品牌与用户的连接。

　　（3）增强用户的互动参与感

　　随着消费升级，单纯的展示型体验已经很难吸引用户的兴趣，而 VR 营销运用虚拟现实技术，把用户的互动行为和虚拟现实体验结合起来，融入更多的互动元素，吸引用户深度互动，快速点燃用户的参与热情，从而增加企业的营销效益。

（4）建立与用户的情感连接

VR 营销借助 VR 技术建立起品牌与目标用户之间的感性对话，在应用场景中，用户既是接收者也是传达者，这种真实感有助于建立用户与品牌的情感连接，引起用户的品牌共鸣，强化其品牌需求，从而扩大品牌的影响力，促进产品销售。

（5）引发用户触动，传播形成营销热点

VR 营销运用虚拟现实新技术，容易成为用户的焦点，吸引用户的注意力与兴趣，再通过体验与互动触达目标用户的痛点，借助社交传播，很容易形成营销热点。

2. VR营销的价值

VR 营销的价值主要体现在以下几个方面。

（1）增强产品说服力

VR 营销利用 VR 技术进行场景化的真实还原，让用户全程参与其中，其沉浸式体验和深度交互增强了产品或品牌的说服力，使用户更加信赖产品，进而促成购买。

（2）实现产品立体化展现

很多产品具有复杂的内容和特性，有时仅依靠图文或者视频并不能直观展示，也无法激发目标用户的购买欲望。而 VR 全景营销通过 3D 环物、VR 直播、VR 会议等功能，全方位、直观地将产品的各项特征展示给用户，甚至还可以引领用户深入体验企业工厂的生产线，观看产品的制造工艺等，这种产品的立体化展现可以激发用户的购买欲望。

（3）塑造企业良好口碑

VR 全景的强交互性可以快速拉近企业和用户之间的距离，新奇的宣传方式可以为企业积累人气，再加上一键分享裂变，企业的口碑就可以通过朋友圈辐射到更广泛的范围。

（4）多领域融合应用

VR 全景可以和小程序、微信公众号、微博、美团、携程旅行等第三方平台实现无缝对接，现阶段还打通了支付宝和微信的支付通道，能够实现多媒体的多屏互动，让产品拥有大流量曝光，并且 VR 全景营销对于一些传统行业的发展具有一定的推动作用。VR 全景营销多层次挖掘用户需求，根据不同的行业需求，开发不同场景中使用的营销功能，在不打扰用户的情况下使营销信息深入人心。

（5）节省营销费用

相较于传统营销，VR 营销的投放费用少，用户精准度高，转化率相对较高，可以为企业节省营销成本。

活动二　整合VR营销思路

VR营销已经不仅是一个简单的体验活动，还是一种营销策略。企业在VR营销过程中要注意整合VR营销思路。随着VR技术的发展，VR营销要基于其独特性、传播性和融合性的特点拓展整合营销思路，如图6-5所示。

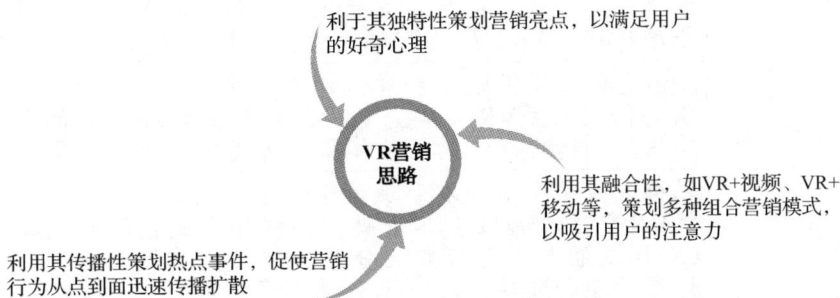

图6-5　VR营销基于其特性整合营销思路

随着市场营销的发展，营销者必须整合VR营销思路，具体体现在以下4个方面。

1. 关联品牌目标

VR营销是一种新型营销模式，可以给用户带来全新体验，但企业不能为了增强体验，单纯地利用用户的好奇心理，这样的体验往往容易偏离企业的经营目标与发展方向，而且随着VR营销的普及，用户的好奇心态会减少，营销效果会变得越来越差。

2. 营造内容爆点

VR营销的体验性强是众所周知的，但如果只是单纯的用户体验好还不足以达成最终的效果，毕竟营销效果受到体验人数的具体限制，所以VR营销必须进一步策划内容爆点，制造热点和话题，才有助于传播扩散，进而实现更好的营销效果。

3. 联动传播渠道

作为一种创新技术，VR在信息传播上发挥着重要的作用，但需要在多元化传播渠道的配合下才能真正地让热点和话题实现广泛而深入的传播。因此，营销者在VR营销过程中要联动多条传播渠道，以实现快速广泛传播。

4. 持续创新内容

企业要紧跟市场的发展变化，不断推出新的VR内容，以满足用户日益增长的需求。

活动三　选择VR营销渠道

VR内容制作完成后，营销者要正确选择营销渠道。下面主要从线上营销渠道和线下营销渠道两个方面来阐述VR营销渠道，如表6-5所示。

表6-5　VR营销渠道

线上营销渠道	小程序	小程序具有无须下载、不占内存、即点即用的特点。目前VR营销已经打通了微信、支付宝、百度、抖音、快手等平台的小程序对接，实现VR内容的无缝接入与全面展示
	App	App是企业提供服务和资讯的主要平台，通过技术接口在App指定位置配置VR入口，可以原生态展示VR内容的更多功能，为用户创造更沉浸的优质体验，提高用户活跃度及转化率
	社群	社群裂变是企业获取私域流量非常有效的传播途径，企业可以将VR内容以海报、二维码、小程序、链接的形式在微信群、QQ群或朋友圈进行广泛分享，凭借优质的内容，激发他人的好奇心理和分享欲，快速实现传播裂变
	微信公众号	微信公众号具备成熟的接口能力和内容传播能力，是众多企业主要的获客渠道。企业可以将VR内容嵌入公众号菜单栏，或者以植入推送文章超链接等形式进行传播展示，沉浸式3D空间展示可以有效弥补图文展示的不足，提高品牌宣传的力度，增强用户黏性
	微博	微博适合吸睛、热点内容的快速引爆，是品牌话题营销的主要阵地。企业可以将VR内容以发布微博或头条文章的形式添加跳转链接，结合营销话题进行推广，利用VR独特的3D视角引发用户关注分享，引爆热度，实现大范围曝光
	官方网站	企业官方网站是企业极具权威性的形象展示渠道，网站所展示的视觉信息能给用户留下深刻印象。将企业相关的VR内容植入网站导航栏或主页轮播图等重要位置，能够吸引更多的用户点击
	快手	快手凭借海量的内容生态快速积累了大量用户，企业可以将精心制作的VR内容通过短视频形式直接发布，凭借全景内容吸引用户的注意力，留下品牌记忆点，达到品牌信息强曝光的效果
	美团	美团拥有极广的服务领域和庞大的用户基数，是实体企业获客的重要阵地。商家将VR接入线上店铺后，用户在搜索查看商家详情时即可进入VR实景店铺，方便用户全方位地了解商家信息
	携程旅行	作为旅游出行垂直类领域头部平台，携程旅行拥有极高的市场占有率，是酒店、景区等商家的主要入驻平台之一。企业将VR接入携程旅行线上店铺，VR展示的真实性能够提高用户对酒店或景区的信任度
	百度地图	百度地图作为国内主流的地图平台之一，利用VR技术将路线导览与门店展示相结合，精细化展现门店内部的实景信息，帮助用户在线上沉浸式了解店铺详情，从而吸引用户到店消费

续表

线下营销渠道	户外广告	借助户外广告大屏的位置优势，企业可以将VR内容以二维码的形式嵌入广告画面中，将VR内容精准触达目标用户，凭借沉浸式的视觉感受，给用户留下过目不忘的深刻印象，让品牌营销信息有效传达
	宣传物料	企业可以将VR内容以二维码的形式印在展板、宣传册、折页、单页等宣传物料上，在图文描述的基础上通过3D视角展现更多细节信息，以极具创意的形式实现精准传达，给用户营造不一样的视觉感受，并加深用户对品牌的认知与印象
	线下展会	企业可以在线下各种展会上，将VR技术与VR一体机、沙盘设备、触摸大屏等智能终端相结合，打造"精品内容+智能终端"的完整解决方案，全面传达品牌实力、产品服务、企业项目的优势，充分利用VR创意对产品及服务进行展示，打造互动式、沉浸式展览体验，让展览信息更加深入、有效地打动用户，同时还能凭借前沿的展示技术彰显企业的实力

👤 活动四　实施VR营销策略

随着 VR 技术的普及，越来越多的企业开始尝试运用 VR 营销方式。企业需要不断创新，以在竞争中脱颖而出。创新的 VR 营销策略主要包括以下几种。

1. 场景体验式VR营销

企业可以利用 VR 技术将用户带入一个虚拟的世界，让他们在沉浸式环境中亲身体验产品、品牌故事和品牌价值。例如，企业策划 VR 看房、VR 看车、VR 酒店、VR 餐厅等多种营销形式，以促进产品销售，提升品牌价值。

2. 情感共鸣式VR营销

VR 营销可以增强用户的情感体验，企业需要思考如何将自己的品牌价值融入 VR 体验，建立品牌与用户之间的情感联系，激发用户的情感共鸣。

3. 独特交互式VR营销

企业要想利用 VR 实现品牌推广，必须使用户与品牌之间产生交互式沟通，企业可以设置有趣的 VR 互动环节，鼓励用户参与和分享。

4. 店内体验式VR营销

在实体零售店内，营销者可以利用 VR 技术展现美好而深刻的店内体验，以吸引人们的兴趣，增加客流量。例如，将用户置于某个人物的视角，促使其产生情感共鸣；创造一个空间，做好高水平的视觉效果；让用户体验模拟场景，如家具的装修或服饰效果等。

📖 **案例链接**

长安马自达VR看车，带你脚不离地奔赴越山向海的旅程

2023年3月，长安马自达颠覆传统的营销模式，通过VR技术带领消费者实景沉浸式体验马自达CX-50，给消费者深度"种草"。

在马自达4S店内，除了实体车辆，消费者还可以在室内感受到马自达CX-50的"山系魅力"，脚不离地就能感受到驾车到山间、到海边的真实体验。通过VR技术，消费者可以体验触手可及的真实看车感和互动感，身临其境地体验马自达CX-50的山系生活方式，尝鲜VR营销的独特魅力，如图6-6所示。

图6-6　消费者通过VR实景沉浸式体验CX-50

消费者可以通过VR技术360°无死角地查看和缩放自己想看的车身部位，根据自己的喜好更换车身颜色、内饰甚至用车场景等，在此过程中还有相关的详细讲解，让消费者对马自达CX-50的各个部位和功能有快速、准确、清晰的认识和了解，领略马自达CX-50独特的美。

通过VR看车，消费者可以真实体验到马自达CX-50的好看、好开、好大、好安全、好智能、好品质的"六好"特性，体验并感受到质感用车好生活。这一营销方式给消费者深度"种草"，获得了良好的营销效果。

马自达CX-50的VR营销受到众多消费者的围观与追捧，吸引了不少新生代消费者，活动期间获得订单破万单的销售成绩。

智慧锦囊：随着科技的发展，营销的形式变得更加多样化。VR看车能够实现户外、赛道、家庭等多场景自由切换，给消费者提供更真实、更便捷的沉浸式看车、购车体验。时代已变，年轻人购车的故事，或许应该从VR看车开始。

💼 **经验之谈**

企业在进行VR营销过程中，要注意策划与沉浸式体验相契合的内容，形成完整的内容体系，探索内容与体验相契合的方式。例如，VR视频短片讲述故事，或者宣传游戏、影视等，融艺术于营销中，既不会引起用户的反感，又能实现品牌的价值延伸。

另外，企业还要确保 VR 营销目标与企业的核心目标方向一致，VR 营销应被视为品牌宏观营销策略的一部分，企业在策划时必须明确需要解决的商业问题、品牌的价值定位、营销效果的考核指标和投资回报率等问题。如果品牌的目的是延长用户的停留时间，沉浸式 VR 体验比较合适；如果品牌的目的是扩大用户群体，那么发布 VR 视频更为合适。

温故知新

一、填空题

1. 广告植入法是常用的短视频营销方法，广告植入方式主要有台词植入、_____、_____和_____。

2. 直播营销是一种基于直播媒体的新型营销方式，是以_____为核心，进行_____和_____的布局，有效重构了"人、货、场"三要素。

3. 直播营销平台分为电商平台、_____、_____ 3 类。

4. 直播过程实施即主播向用户介绍产品的过程，主播可以运用_____向用户推销产品。

5. 社群营销是以人为中心，以消费者的_____、_____、_____为出发点进行营销。

二、选择题

1. 下列选项中，不适合进行短视频营销的平台是（　　　　）。
   A. 抖音、快手　　B. 小红书　　　　C. 知乎、百度　　D. 哔哩哔哩

2. 下列数据中，不属于直播营销数据目标的是（　　　　）。
   A. 产品销量　　　　　　　　　B. 产品销售额
   C. 账号新增粉丝数　　　　　　D. 产品生产量

3. 下列选项中，不宜作为直播主题的是（　　　　）。
   A. 同学聚会　　　　　　　　　B. 年货大集
   C. 开学季　　　　　　　　　　D. "6·18"年中大促

4. 直播营销中，不宜展示（　　　　）。
   A. 产品试吃、试用　　　　　　B. 产品的外观设计
   C. 产品制作和生产过程　　　　D. 用户购后不满的评论

5. 下列选项中，不属于 VR 营销价值的是（　　　　）。
   A. 增强产品说服力　　　　　　B. 投入成本高
   C. 塑造企业良好口碑　　　　　D. 实现产品立体化展现

三、判断题

1. 一场直播营销的成功，主要是靠主播的能力，不需要做任何准备与策划。（　　）

2. 淘宝直播具有完善的供应链和运营体系，是企业重点考虑的直播营销平台之一。（　　）

3. 社群的价值需要通过社群变现来体现。（　　）

4. VR营销能实现产品的立体化展现，增强产品的说服力。（　　）

5. VR营销主要是线上渠道营销，无法进行线下渠道营销。（　　）

四、简答题

1. 简述短视频营销的4种常用方法。

2. 简述直播营销中FAB销售法则的运用。

3. 简述社群营销的变现方式。

融会贯通

请同学们自由分组，4人一组，完成以下任务。

（1）模仿创作短视频。每位同学在短视频平台上找一则经典短视频（题材不限），经过小组讨论，确定一则为模仿对象，然后记录视频中的场景、人物台词等，写出拍摄脚本，然后模仿该视频，在校园里完成拍摄，并经过后期剪辑制作，创作出一则完整的短视频。

（2）原创商品短视频。小组成员讨论确定一种商品（如日用品、服饰等），大家充分发挥想象力，拓展思维，策划一则商品营销类短视频，时长1分钟左右，并通过手机或相机拍摄出来，经过剪辑制作，完成商品短视频的创作，并发布到抖音或快手平台上。

（3）小组成员分工、协作，共同完成，并填写表6-6。

表6-6　短视频创作技能的训练评价

评价方式	内容价值（3分）	标题文案（3分）	整体画面（2分）	商品融入（2分）	总分（10分）
自我评价					
小组评价					
教师评价					